為你的目的與選擇而活

談阿德勒的創造性自我，
從超越自卑到成就人生三大課題

胡慎之——著

WHAT LIF
COULD MEAN
TO YOU

圖說：一九三二年，阿德勒乘坐Statendam號郵輪抵達美國紐約。因納粹的威脅日益逼近，奧地利充滿著動盪不安的氣氛，阿德勒與妻子移民到美國，開啟了為期五年的長島醫學院任教工作，出任醫學心理學客座教授。

這張照片中的阿德勒，眼神給人一種深邃且堅定的感覺，當時正好是他從個體走向社會的重要轉捩點，而在這一年，阿德勒出版了經典之作《自卑與超越》。

這個時期是阿德勒思想最為成熟的時期，他分析了自卑感產生的原因，追求優越的理由；對個體生活風格的形成提出了獨到見解；同時圍繞人類生活中的三大問題——工作、婚戀及交友，探討了生活的意義；還對如何處理各種人際關係進行了剖析。後人認為阿德勒的思想是一種哲學思想，一種能夠使人奮進的積極人生哲學，它喚醒了人超越自卑的勇氣，鼓勵人充滿信心地面對生活，去贏得自己卓越的人生。

目錄

導言　世界沒有那麼糟糕，美好是一種選擇　09

第一章——目的論

我們的行為和情緒，都隱含著目的　28
痛苦源於目的不明確　38
自主選擇是一種能力　46

第二章——自卑與補償

自卑感的產生 60
自卑情結的運作 70
解決自卑感的方式 82

第三章——追求優越

我們的一切行為都是為了追求優越 92
優越感的滿足 100
需要被警惕的四種優越感 108

第四章——生活風格
生活風格是人格的核心 124
生活風格的形成與特性 140
影響生活風格發展的因素 149
如何看待你的生活風格 161
第五章——社會興趣
社會興趣是人類的本性 170
什麼樣的人會缺乏社會興趣 175
人生三大問題 190
如何發展社會興趣 196

第六章——創造性自我
「我命由我不由天」 206
部分地決定自己的人格 214
創造性自我的表現 228
第七章——滋養型的人際關係
人的一切煩惱都源於人際關係 238
只有課題分離，才能獲得精神上的自由 245
人際關係的起點是課題分離，終點是共同體感覺 255

導言

世界沒有那麼糟糕，美好是一種選擇

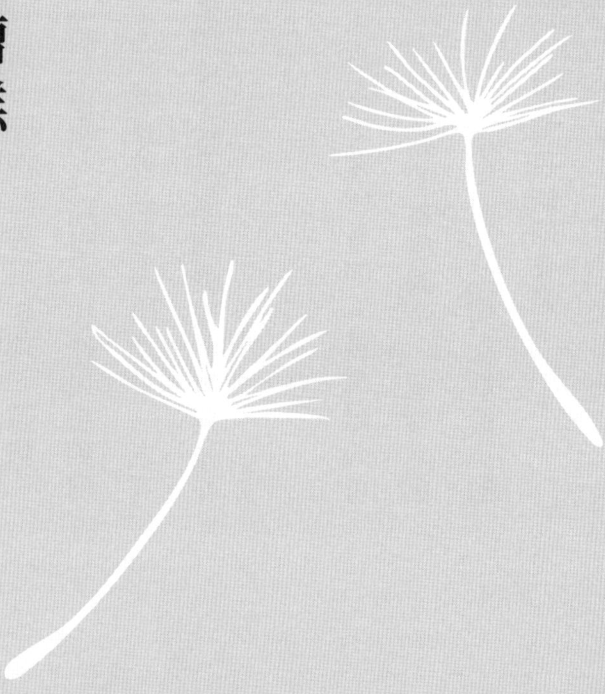

今天，我想跟大家來聊聊阿爾弗雷德·阿德勒（Alfred Adler，一八七〇至一九三七年）。

人人都說，心理學界有三大巨頭，分別是佛洛伊德、榮格、阿德勒。但在很長一段時間裡，人們一提到心理學，往往只想到佛洛伊德或榮格的名字，阿德勒似乎並沒有被很多人所熟悉。直到二十一世紀，阿德勒的個體心理學理論才逐漸受到推崇，特別是在日本、韓國等地備受歡迎。

前幾年，日本作家岸見一郎和古賀史健所著的《被討厭的勇氣》這本書很流行，在中國被稱為「阿德勒的哲學課」，我有幸也為此書寫了一篇推薦序，正如我在推薦序中所說：「阿德勒的思想絕不是心靈雞湯，而是稍帶苦澀，但又可治百病的良藥。」

其實很久之前，我就想「做」一本關於解讀阿德勒的書，所以這次出版社的邀請讓我很驚喜。這種不謀而合的感覺特別好。

為什麼說「做」一本書，而不是寫一本書呢？因為這本書，更多的是以阿德勒生平所有的著作，他的心理學理論以及實踐為基礎，加入與我們息息相關的案例故事，再結合我二十多年來對關係心理學的研究進行解讀。雖然我是一個客體關係心理理論方面的研究者，但我發現，阿德勒心理學對我的影響一直存在著，甚至貫穿了我自己的成長。這是我想要解讀阿德勒的原因之一。

另一層原因在於，雖然近幾年阿德勒的學說很流行，但我發現大家對他的觀點還是存在一些誤讀。比如我們經常聽到一句話：「幸運的人用童年治癒一生，不幸的人用一生治癒童年。」很多人以為這句看似很有同理心的話是出自阿德勒，其實不然。如果我們真正去研究阿德勒的理論，你會發現，這句話是不存在的，甚至有些牽強和偏頗。這句話之所以這麼流行，原因在於很多人誤解了阿德勒的理論，大家似乎更在意的是，想找到一個原因來解釋當下的痛苦。

但阿德勒認為，每個人在幼兒時期就已形成一種「生活風格」，並會據此形成自己的人生目標，所以，相比是什麼經歷塑造了現在的自己，阿德勒認為一個人決心實現怎樣的人生目標才是更為重要的。對於這句話的理解，不同生活風格的人也會有不同的解讀方式。比如，有些人會說，原來我的不幸都是童年所造成的；但也有些人會認為，我的童年不需要去療癒，我需要做的是努力創造自己今後人生中的幸福。因此，更多的時候，我們需要去看看阿德勒真正想表達的是什麼，而不是只知其一，不知其二。這是我為什麼想要解讀阿德勒的原因之二。

那麼，在帶領大家深入了解阿德勒心理學理論之前，我們先來認識一下阿德勒本人。

阿爾弗雷德·阿德勒，奧地利精神病學家，個體心理學的創始人，人本主義心理學的先驅，現代自我心理學之父，同時也是精神分析學派內部反對佛洛伊德心理學體系的第一人。阿德勒於一八七〇年出生在奧地利維也納一個富裕的猶太商人家庭，在六個孩子中排行老二。因自幼身體羸弱，以及家裡有一個比較優秀的哥哥，這讓他從小感到自卑。可以說，這份兒時的經歷，深刻影響了阿德勒理論的形成，因此，他的人格理論始終圍繞著克服自卑而進行。

在一九〇二年，透過自己的努力成為全科醫生的阿德勒，與西格蒙德．佛洛伊德（Sigmund Freud，一八五六至一九三九年）結識，一度跟佛洛伊德有過很多的合作，並且擔任過維也納精神分析學會主席。阿德勒在早期以器官缺陷、自卑情結、補償作用等概念出名，但後期因強調社會因素和意識在人格形成中的作用，公開反對佛洛伊德的泛性論，以至於跟佛洛伊德之間的觀點分歧逐漸增大，甚至關係決裂。最終，阿德勒於一九一一年離開了佛洛伊德的心理圈，另起爐灶，同年成立了「個體心理學學會」，並開始專注行為目的論、生活風格及社會興趣等理論架構。這對後來西方心理學的發展具有重要意義，影響流派包括存在主義流派、人本主義流派和認知學派等。

因此，在一九三七年阿德勒去世的時候，《紐約先驅論壇報》（*New York Herald Tribune*）為他發出的一則訃告是這樣說的：「阿德勒，自卑情結之父，拒絕成為精神分析的某個零件。他既有點像科學家佛洛伊德，又和預言家榮格相似，他就是他自己，傳播福音的人。」

雖然心理學有各式各樣的流派，也有各式各樣的理論基礎，但我認為，阿德勒的心理學理論更適合我們現代人，最有力的證明就是《被討厭的勇氣》和《自卑與超越》（*What Life Could Mean to You*，一九三二年）這兩本書在當代的暢銷。雖然阿德勒的大部分作品出版於二十世紀上半葉，但阿德勒在書中的很多思想，已經預知了我們現代人跟這個世界的關係會是什麼樣子，我們應該對自己持有什麼樣的人生態度，以及我們如何去發現自己人生的意義。

在這裡，我想分享一個小故事。一位二十多歲的年輕女孩，獨自一人在國外讀研究所，想要回國發展但又怕父母責怪自己一無所成，沒有成為他們想要的完美小孩，特別是當聽到父母跟她抱怨，留學花了家裡很多錢的時候，她感到非常有壓力，以至於整夜睡不著覺，經常性掉髮，幾乎不參與任何的人際交往。即使她內心非常渴望有個人可以陪陪自己，但她能做到的，也只是和別人建立一些短暫的性關係而已。當這種壓力大到無法承受時，她就會傷害自己的身體，甚至有輕生的念頭。而這些想法和行為，她都不能跟自己的父母說，只能一個人默默地走在黑暗裡，最後找到了我做心理諮詢。

當我在諮詢中跟她討論為什麼會有某些行為時，她是非常茫然的，也不知道自己想成為一個什麼樣的人。似乎她所做的任何事情，都是為了去完成一個任務，至於自己想要去向哪裡，成為一個什麼樣的人，她從來沒有思考過。後來在一次諮詢結束的時候，我建議她去看看阿德勒的《自卑與超越》這本書，希望能夠帶給她更多的幫助。過了一段時間，我們又見面了，她跟我說：「看了書之後有很大的啟發，就像是黑暗中的一道閃電，狠狠地擊中了我，我終於明白了自己是怎麼一步步變成現在的樣子。」這是一個很好的覺察，也是一件令人開心的事情。

所以，我覺得很有必要解讀阿德勒的思想，我也認為每一個人都應該真正地了解阿德勒思想中的「目的論」：你要走向哪裡，你要實現什麼樣的人生目標，你所有的行為都會隨著這個人生目標而改變。

舉個例子，很多人說運動是非常痛苦的一件事情，但堅持健身運動的人又好像很享受這個過程。如果按照阿德勒的「目的論」來解釋，每一個能夠自律地去健身運動的人，他內心必定有一個自己的目標，而且這個目標對他的生活是有極大幫助的。所以在這個過程中，他所有的行為都會指向這個目標，甚至在努力實現目標的過程中，克服先天劣勢或環境的局限。這跟佛洛伊德所堅持的「原因論」大有不同，「原因論」強調你現在的行為是由過去所決定的，這也讓很多人一面倒地把現在的不幸都歸咎於過去，比如有的人認為，就是因為我的原生家庭有種種問題，所以我才有這麼多痛苦。

當然，阿德勒也承認過去的經驗（特別是原始的經驗）對人的行為有影響，但他認為過去的經驗不是決定性的，因為人是有意識的，人能夠以目標指導自己的行為。

阿德勒的理論思想更像哲學，能夠解答我們的很多困惑。所以，我認為這是一本人生哲學問題的解惑百科全書，我試圖用它來解答幾個人生中非常重要的終極問題。

第一個問題是，我是誰。

結合我自己多年來的個案研究，如果要用一句話來表達阿德勒的理論，那就是「做個普通人」，也就是成為一個獨特的存在。關於這一點，我們可以從阿德勒的核心理論「自卑與超越」中去看看我是誰。

在生活中，其實很多人不是想當一個普通人，更多的是想當神或者一直在努力迎合他人。為什麼這麼說？舉個例子，當一個人特別自卑的時候，他就想去當神或者扮演上帝的角色，有些人把這稱為追求優越。比如電影《芳華》裡的男主角劉峰，個子不高，出身貧苦，從小感到自卑的他為了維持「活雷鋒」的形象，事無鉅細地為身邊的人貢獻，幫戰友們捎東西，修地板，豬跑了也叫他去找，最後連自己手裡的機會都主動讓給別人，這其實就是在當神而不是在當人，忽略了自己去迎合他人。

第二個問題是，我從哪裡來。

雖然阿德勒和佛洛伊德在觀點上有本質的區別，但是阿德勒也承認過往經驗對我們是有影響的，只是並非決定性的。阿德勒在提出「生活風格」這個重要觀點時提到，我們可以從一個人在家庭中的出生順序、早期的記憶以及夢中，尋找到一個人生活風格的形成原因。

對於阿德勒提到的生活風格，我更願意把它理解為生活態度。它是我們對待事物的一種態度，或者說是某種生活價值觀。大多數時候，我們會遵循這個風格或者價值觀來生活和建立關係。所以，當我們意識到這個生活風格受到過往經驗中一些事情的影響，並且接納了這種影響時，我們就不會想著去成為別人。要知道，很多人因自卑而痛苦，就是因為想要成為別人。

第三個問題是，我要去哪裡。

阿德勒核心理論中的「生活目標與生活風格、社會興趣與創造性自我」，其實回答了我們將要去哪裡。佛洛伊德提供的走向未來的路徑是，人們退行到童年或者幼年的狀態，再重複體驗一次創傷情境，以此來理解並解決我們內心的衝突，以便更好地面對未來。但阿德勒不是，阿德勒心理學表達的是，你走向哪裡是你現在可以選擇的。你可以選擇回到過去，也可以選擇從此刻開始邁向未來，創造新的生活。

阿德勒對心理學的貢獻，遠遠不止這人生三問。

我曾經看過一部電視劇，裡面有一個觀點讓我很認同。它說文化有兩種屬性，一種是強勢的，一種是弱勢的。我們每一個人在不同的文化系統中都會被影響，就像我們會被自己的家庭環境所影響一樣。我認為，強勢的就是非常有力量、積極的，而弱勢的就是退縮、保守的。

強勢的文化屬性，追求的是如何創造屬於自己的價值，而弱勢的文化屬性，是不斷地請求別人認同它的價值。我認為阿德勒更像是強勢文化屬性的一個代表人物。他的很多理論觀點都非常符合這個世界的發展，所以，我們都或多或少地需要阿德勒。

西方心理學對於亞洲的影響非常大，這是無庸置疑的。如果一定要問阿德勒的個體心理學與其他學派相比哪個更好，那就犯了一個很有意思的錯誤。因為現代很多的心理學流派都逐漸走向融合，並沒有絕對的對與錯、好與壞。只有適合自己的，才是最好的。另一方面，阿德勒在《自卑與超越》中曾經說過，若我們生活在一個比較式、打壓式的教育環境裡，我們會自然而然地把自己與別人做比較。如果我們把阿德勒和別的心理學家互相比較，那麼，我想阿德勒應該是不會喜歡的。

在這本書中，也藏著我的幾個小心願。

第一，希望讀完本書的朋友，都能學會如何「當個人」，也就是意識到，我們都是普通人，我們看過去是為了我們的未來，而不是為了替我們的痛苦找到歸罪之處。當然，我們有權利責怪別人，但如果我們成年了，那麼自我負責的態度就顯得尤為重要。自我負責，是成年人應該具備的一個基本能力，你想要什麼樣的生活，你想成為什麼樣的人，實際上現在是可以開始選擇的。如果一直以來，你都因糾結於自己的過往而痛苦，那真心希望這本書，能夠幫助你放下痛苦，放過自己。

第二，也許你時常認為自己不夠好，甚至因此影響到自己的生活方式，比如交友、職業、學業或者婚戀，那麼希望讀完本書的你，不再為自己的自卑而自責，而是能夠學會更寬容地看待身邊所出現的人和事，不再讓自己陷入深深的痛苦中。

我經常說：「每一個人都是因為了解而理解，因為理解而和解。」當我們了解自己，了解關係，了解這個世界運轉的規律，了解人與人之間相處的底層邏輯，然後我們再去審視，再去重新看待我們自己身上所發生的一切，也許你就會愈來愈理解自己，理解關係，也理解你身邊的那個人。和解不是為了原諒，是為了釋懷，也許對方也在為對你造成傷害而懺悔。

最後，送給大家一句話：「這個世界沒有那麼糟糕，相反地，也許美好就在我們的身邊。」

本書的出版得到了我的助理龐夢婷與藍獅子編輯宣佳麗的許多支持，在此一併致謝。

第一章——目的論

人都是為了某種目的而活著，
為了達到某種目的而採取相應的行動。
我們應該擁有怎樣的人生，
全由我們如何詮釋所決定。

我們的行為和情緒，都隱含著目的

我一直認為，阿德勒的個體心理學是一種心理哲學，他創造了很多讓我們精神為之一振的理論，他的許多觀點都極具哲學智慧。因此，我願意稱之為有力量的心理學，同時也有理由相信，這是一種可以讓我們內心強大的心理學。

阿德勒是心理學界的三大巨頭之一，曾擔任維也納精神分析學會主席，後來因為與佛洛伊德的心理學觀點不同而離開了精神分析學派。很多人非常困惑，為什麼阿德勒心理學和佛洛伊德心理學有那麼大的出入，甚至有些學者認為他們的觀點是對立的。原因在於，阿德勒是精神分析學派內部第一個反對佛洛伊德心理學體系的人。阿德勒後來創立的個體心理學，與佛洛伊德的學說在很多方面都有不同的見解。阿德勒反對佛洛伊德以本我為中心的泛性論（即把人類的所有行為都視為由性本能所驅使的心理學學說），更強調自我的功能，以及人格發展中的社會因素。佛洛伊德認為人格動力是欲力（Libido，音譯為力比多）——一個和性本能相關的動力指標，而阿德勒則認為人格動力源於人的自卑感。很顯然，這是兩種相對立的人格理論。

對於「自卑感」的來源，阿德勒最早從生理學角度對此進行闡述，即生理上的缺陷引發了自卑感，後來又將原因有意識地轉向主觀的自卑感，認為自卑感起源於個體生活中，所有不完滿或者不理想的感覺，不管這種感覺是基於客觀現實，還是屬於個體的想像。在《阿德勒談人性》（*Understanding Human Nature*）等著作中，阿德勒還將自卑感的來源推得更加遙遠，認為自卑感乃是源於人類祖先。

阿德勒的個體心理學受阿圖爾．叔本華（Arthur Schopenhauer，一七八八至一八六〇年）的「生活意志論」，以及弗里德里希．尼采（Friedrich Nietzsche，一八四四至一九〇〇年）的「權力意志論」的影響很深，主要體現在阿德勒理論中的「目的論」，或者稱之為「動機論」，即我們為了什麼而行動。

阿德勒的目的論告訴我們，人都是為了某種目的而活著，都是為了達到某種目的而採取相應的行動。因此，無論你過去經歷了什麼，都將對你如何度過今後的人生沒有影響。

在這裡，我們能看到阿德勒與佛洛伊德之間的一個很大分歧，即佛洛伊德的理論強調過去的經歷會影響甚至決定個體的行為，認為人現在的不幸是由過去受到的傷害或者心理創傷所造成，我們稱之為「原因論」。但是阿德勒的「目的論」對此進行了否定，認為決定我們自身的不是過去的經歷，而是我們賦予經歷的意義。

可能會有很多人認為這是兩個完全對立的觀點，但我傾向於它們不是對立關係，而是進化關係。阿德勒並不是完全忽視過去經歷的作用，而是更多地強調如何利用被給予的東西，以及賦予過去經歷什麼樣的價值，這才是現在的我們所面臨和需要考慮的，主導權在我們手中。如果我們沒有意識到這個問題，而是沉浸在過去的束縛中，那麼我們將無法突破和改變現狀。

恐婚是現在的年輕群體中一種比較常見的現象，甚至有些人在面對被催婚或者逼婚時，會非常憤怒。為什麼有的年輕人那麼恐婚？如果從佛洛伊德的「原因論」來解釋，一個人之所以會對婚姻充滿恐懼和不信任，往往是因為小時候經歷了父母的離異，或者被身邊一些不好的婚姻狀態所影響。但是，並不是所有離異家庭的孩子都會對婚姻充滿恐懼和不信任。因此，阿德勒的目的論認為，不想進入婚姻是這個人的「目的」，為了說服自己達到這個目的，於是搬出了小時候的痛苦經歷作為解釋。人都有趨利避害的本能，恐婚也是因為不結婚有利己的部分，比如可能是我們更喜歡目前單身生活的現狀，因為這種現狀讓自己更加安心和自在。

在家庭動力學裡，我們經常會遇到這樣一種情況，就是很多人不能好好地進入一段親密關係，比如不能結婚。不能結婚聽上去是因為自己的某些原因，或者曾經受過某種傷害，但是不能結婚還有一個原因——無法離開他原來的家庭，因為在那個家庭裡有一個需要照顧的人，並且自己可以從照顧那個人的過程中獲得優越感。就好像有的姊姊會犧牲自己去照顧弟弟，她無法離開她的原生家庭，因為她的目的是想要打敗自己的弟弟，成為一個對於家庭來說有更大貢獻的人，從而被更多人看見。

小Ａ今年三十三歲，有一個交往了五年的男朋友，但是他們一直無法順利地進入婚姻關係。原因是小Ａ總是一邊抱怨家人對她索取太多，一邊又幫弟弟還賭債，即使自己已經很累了，也一樣會竭盡全力地幫弟弟收拾各種「爛攤子」，並且還因此辭掉自己的工作。為此男朋友和她爭論過很多次，但是小Ａ並不覺得有什麼問題，甚至覺得男朋友太不近人情了，一點都不為她著想，最後直接跟男朋友提出分手。表面上小Ａ是因為男朋友的不理解而提出分手，實際上是她故意為之。她的目的絕不是進入一段婚姻關係，而是更想要成為一個對原生家庭提供更多價值的人。

和小Ａ一樣，很多時候，我們總會為自己做的事情找個看似合理的理由，於是就有了「原因論」，常見句型為「我就是因為你，所以才會變成這樣」。從精神動力學的角度來講，這是一種自我防禦機制，我們稱之為「合理化」。這是很多人無法意識或者無法承認的一點。

在導言裡，我曾經提過這樣一句話：「幸運的人用童年治癒一生，不幸的人用一生治癒童年。」假使我們從佛洛伊德的原因論來看，這句話會讓我們更多地感到悲觀或者消極，因為只要有一個不幸的童年，似乎我就要用我的一生去治癒它。但是如果從阿德勒的目的論來理解的話，會讓我們感覺到更有力量，那就是你可以做一個選擇，到底是要去療癒你的童年，還是為你不幸的童年重新賦予一個意義，然後成為一個幸運的人。

在我的工作中，當來訪者總是對父母給她造成的傷害而耿耿於懷時，我會問她：「你這麼做的目的是什麼？是為了改變你的父母嗎？」其實很多時候，我們這樣做的目的是想要表達對現實狀況的不滿，想要有人來為自己的生活負責。

曾經我也抱怨我的父母，我無法理解為什麼我的父母會這樣對待我，特別是我父親對我的那種嚴厲教育。後來，透過學習心理學，特別是學習了阿德勒理論，我開始嘗試重新定義我對父母的抱怨。我的目的是為了不要成為他們，並且想要和我的孩子相處得更加舒服自在。因此，當我重新為這件事情賦予一個新的意義以後，反而父母對待我的方式就變成了一件很有意義的事情。正是因為經歷了那些，所以我對自己的孩子，包括對親子關係和家庭教育都有了不一樣的理解。從這個角度來講，我反而挺感謝我的父母，這也在很大程度上改善了我自己和父母的關係。所以，我成為了一個幸運的人。

總的來說，原因論更多是為了歸因，從而把一件事情合理化，而目的論是為了重新給這件事情賦予一個新的意義或者目標。事實上，我們應該擁有怎樣的人生，全由我們如何詮釋所決定。

痛苦源於目的不明確

中國有句俗語，叫「無利不起早」，我認為這是對阿德勒「目的論」最好的詮釋。「利」實際上是一個目的，「起早」是達成目的的一種方式。除此之外，阿德勒的「目的論」與中國文化中的一些哲學思想似乎也有相通之意，比如明代哲學家王陽明的「知行合一」，知和行都是一個過程，合一的概念是我們要達成某種目標或者目的。再比如荀子所說的「道雖邇，不行不至；事雖小，不為不成」，也有目的論的意味在其中。

在我的工作經驗中，我發現很多來訪者都對自己目前的生活抱有困惑，其中包括一些患有情緒障礙的個案，當我跟他們討論時，我經常會聽到一個詞：迷茫。因此，當一位來訪者來到我面前的時候，我一定會問他兩句話，第一句話是「你覺得你自己是一個什麼樣的人」，這能問出他對自己的了解或者理解，可以讓我了解他的生活方式、個性特質或者行為模式，也就是阿德勒心理學概念中的「生活風格」，這些都是為了一個人的目的所存在的。第二句話是「你來找我做諮詢的目的是什麼，或者你想成為一個什麼樣的人」，成為一個什麼樣的人，包含著來訪者的目的。

這個目的到底有多重要？跟大家分享一個案例。我有一位來訪者，他經常感覺自己身體不舒服，比如手臂痠脹，無法抬起手；再比如關節疼痛，無法很好地行走。但是去醫院檢查後，並沒有發現什麼問題，不是關節炎或者肩周炎。這個情況已經存在十幾年了，為了解決這個問題，他不停地去看各式各樣的醫生，中醫、西醫、物理治療等，他似乎已經用盡了一切辦法來讓自己變得健康，或者說讓身體功能受限的地方，變得靈活順暢一些。

我們都知道，如果你的關節功能受限，是可以透過一些康復運動讓關節功能恢復的，就像你不舒服發燒了，吃退燒藥就可以藥到病除。但是，很有意思的是，這位來訪者在看了醫生以後，他並沒有遵循醫囑去服藥，也沒有採取醫生的康復建議。這跟他想要變得健康的目的是衝突的。所以，在這裡我們有理由相信，他的目的是想成為一個病人，然後去醫院得到某種照顧。當我跟他提出這個假設的時候，他驚呆了。他非常激動並且憤怒地說：「你是在胡扯！誰會願意成為一個病人！」這確實是很難接受的一件事情，但同時這也是一個真相。當我們看到真相的時候會很沮喪、很難過，沒有任何的優越感，甚至會產生一種特別強烈的自卑感和羞恥感。但是這都沒有關係，這些感受都是真實的，接受它，允許它存在，然後我們再慢慢地把它表達出來。

成為一個病人，並且得到別人的特殊照顧，這是他的目的。這跟佛洛伊德的「疾病獲益」觀點很契合。生病，是可以獲益的，而獲益，才是他的目的。健康不是他的目的，所以即使他十幾年如一日地去看了各式各樣的醫生，想要改變自己的疾病狀態，最後卻還是沒有解決這些問題，相反地，這個問題好像愈來愈嚴重了。如果健康是目的，那他真正的方式應該是主動進行一些康復訓練，並且謹遵醫囑服藥，把想要得到他人的照顧，轉換成自己照顧自己。

在經過多次諮詢討論後，這位來訪者似乎覺察到某些東西，他開始用一種比較健康的方式去生活，也認真地進行康復運動。過了一段時間，他跟我說他的手和關節比之前感覺好了很多，病狀也在慢慢減輕。

這就是阿德勒的目的論，當我們找到並清晰地了解自己行為的目的，就能知道下一步應該怎麼走，以及要走向哪裡，同時很多東西也會隨之發生變化。

所以，每當有人跟我說他自己很懶的時候，我都是不認同的。他們不是懶，而是缺乏一個可以獲益的行動目標。舉個例子，在距離你五十公里之外的某個地方，有一百萬元鈔票，你只要拿到了，這筆錢就是你的。但是有一個前提條件，那就是需要凌晨三點出發。如果你急需這筆錢，你會不會凌晨從床上爬起來？甚至為了拿到這筆錢，無論是颳風下雨還是下冰雹，你都會想盡辦法克服所有困難。但是，如果這筆錢是公司老闆的，你需要幫忙去取，那麼在同樣的颳風下雨、下冰雹的天氣裡，你會去取嗎？可能因為工作所迫，你也會去取，但是你也會充滿抱怨，甚至還有可能會起得晚了，以至於不能按時完成任務。

人都是利己的，一旦結果不是對我們有利的，那我們行動的動力就會大大減弱。阿德勒的個體心理學認為，支配個體行為的總目標是追求優越。而一百萬元對於我們來說，能夠帶給我們很多優越的感覺，比如可以改善生活，可以環遊世界，可以不用工作，這對於我們來說，太有吸引力了。

一旦我們知道自己的目的是什麼，那麼，這個目的就會成為我們所有行為的指導方向。就像有些人去健身房，是為了讓自己的身形發生改變，有些人去健身房只是為了拍照發到社群朋友圈。前者的目的是讓自己變得更健康，身材更好；而後者的目的是想讓別人看到我是一個健身的人，從而獲得優越感。不同的現實目的，會帶來不同的行為方式。然而很多時候，大多數人的痛苦在於，不知道自己行動的目的或者目標是什麼。

比如在家庭教育中，很多父母都會輔導孩子寫作業，當有些父母看到孩子的坐姿不良時，就會在一旁不斷地糾正，或者看到孩子動來動去時，就會責怪孩子不專心，於是到最後往往會變成一種「不寫作業，母慈子孝；一寫作業，雞飛狗跳」的場景。如果用阿德勒的目的論來理解這個過程的話，我們會發現，這時孩子的目的並不是去完成作業，而更多地是去回應媽媽的需求：坐姿要標準、不能有小動作、不能分心。因此，在這種情況下，孩子必然不能很好地完成作業，而父母也會感到非常痛苦。

自主選擇是一種能力

我一直認為，阿德勒的心理學對於家庭教育是非常有效的，並且能夠給予很多困惑的父母一些指導，理清父母和孩子之間的關係，理解在家庭成員互動的過程中到底發生了什麼。

在進行家庭教育時，有多少人知道家庭教育的目的是什麼？有很多人會以培養一個聽話懂事的孩子，作為我們的教育目的，但是真正的家庭教育的概念是，如何讓孩子知道自己要成為一個什麼樣的人，並且自主地設定人生目標，以及在完成這個人生目標的過程中，形成一種屬於自己的生活風格。

每個孩子在很小的時候，都有自己的一個人生目標，比如我們會說：「我要當一個工程師，我要當一個科學家，我要去遨遊太空……」但是在家庭教育的過程中，很多父母並沒有真正地讓孩子去確認這個目標，甚至教育孩子的方式跟孩子的目標是有衝突的。父母既想讓孩子有創新意識，敢於冒險，又不希望孩子太有主見，甚至不允許孩子有任何錯誤，一旦犯錯必然受到懲罰。這顯然跟孩子實現人生目標的方向是相反的。一旦雙方的目標不一致，那麼父母和孩子之間的權力鬥爭就會發生。權力鬥爭，本質上就是孩子說「你看看我」，而父母說「你聽我的」。比如一個孩子在吃完飯後很想看電視，但是媽媽讓他去寫作業。那孩子說：「我看完電視再寫作業，作業我一定會完成的。」這一刻，媽媽就有挫敗感了：「不行，你要聽我的，現在必須去寫作業。」其實兩種方式對結果都沒有太大影響，但是對媽媽的優越感是有影響的，因為孩子不聽她的話會讓她感覺到很挫敗。

我的兒子在六歲左右時，有一天他跟我說，他想當一名火車司機。當時我和孩子討論，他為什麼想當火車司機。首先，我需要知道他的動機。孩子跟我說，火車司機很酷，還會鳴笛，而且開火車可以去很多地方，看不一樣的風景。聽到這裡，我要跟他討論的是，為了成為一名火車司機，他可以做一些什麼樣的準備，比如火車司機要接受什麼樣的訓練，要考取什麼樣的證照，要形成什麼樣的生活習慣，然後才有可能達到成為火車司機這個目標。在這個過程中，我也會以自己的親身經歷告訴他，老爸想成為一位非常專業的心理諮詢師，所以我會為此學習很多相關知識，完成必要的心理學培訓課程，最後才能成為一名專業的心理諮詢師。

當我這樣跟他討論的時候，他能看到我是如何為了自己的目標而努力，那麼慢慢地，孩子就會知道，如果要達成某個目標，他需要經歷和完成哪些事情，並且做出哪些選擇，比如當他需要在「完成學業」和「玩耍」之間選擇的話，出於本性，他肯定更想去玩，但是為了達成設定的目標，他可能會選擇學習。當我們發現自己有選擇的權利時，人生就會充滿積極和進取，我們更願意去實現和創造一些東西，從實現和創造的過程中獲得一種優越的感覺，而不是透過幻想或者想像獲得優越感。

然而，有些人是生活在過去的，對於當下完全沒有人生目標。我們經常說「好漢不提當年勇」，當一個人總是提起「當年勇」，那就說明了他缺乏對未來的生活目標，或者說現在的生活並沒有讓他感覺到有任何的優越感，而恰恰「當年勇」可以提供他一種優越的體驗。當然，對過去念念不忘的人，不僅僅是因為對未來沒有太大的目標感，也可能是我們沒有了追求目標的動力，或者說是失去了實現這個目標的勇氣。

比如，一些無法從失戀中走出來的人，他的目的就是選擇讓自己待在失戀的痛苦裡，不去進行下一段戀愛。這樣他會覺得自己是一個痴情的人，是一個受到傷害的人，這是他的優越感。他不需要再去冒險談一場困難的戀愛，目前的狀態就變成了他的舒適圈。在這種情形下，阿德勒的目的論就能夠很好地幫助他去選擇成為一個什麼樣的人。

每個人的選擇都是不一樣的。有些人遇到事情就會去解決，但有些人一旦遇到事情，他就會停留在情緒中，比如魯迅筆下的祥林嫂，祥林嫂之所以沒辦法從她的悲傷中走出來，是因為她渴望得到別人的同情。於是，為了得到同情，她一次又一次地訴說著自己的悲慘故事。當然，這是她的選擇，不管是有意還是無意的，這種選擇缺乏一種勇氣，那就是讓自己從糟糕的情緒狀態中走出來的勇氣。

情緒，有的時候也是一種選擇。阿德勒提過一個非常有意思的例子。在一位母親正因為自己孩子的作業沒有寫好而發火時，家裡的電話鈴響了，打電話過來的是學校的校長，那位媽媽的態度一下子就變得很平和，根本不會讓人感覺到一秒鐘之前她還在憤怒之中。這是因為兩種情境中的目的是不一樣的，媽媽情緒恢復平和的目的，是為了能與校長好好地交流，而對孩子發火的目的，是為了發火，而不是為了讓孩子改變。因為有時候，我們對孩子發火不是為了教育，只是為了洩憤。

當我們發現情緒是可以選擇的，那麼，我們就能意識到，情緒背後往往也包含著某種目的，無論是意識層面的，還是無意識層面的。比如，在有些情況下，憂鬱的狀態也暗含著我們無意識層面的目的和需求。從目的論出發，當我們意識到自己能夠選擇的時候，我們便可以選擇過去的經歷對自己的影響。關鍵在於，你想要達成的目的是什麼。

圖說：這張照片拍攝於二十世紀二〇年代，阿德勒在某個週六發表完題為「讓學齡兒童適應環境」的演講之後。

在這個時期，阿德勒主要做的一件事情是觀察兒童。一個人兒童時期的經歷，對人格的影響是非常大的。一九一九年，阿德勒及其學生們在維也納建立了第一所兒童指導診所，到了一九二七年，診所的數目上升到二十二家。這些諮詢性的機構主要配合教師，來排除學生們的心理障礙。

原因論與目的論

佛洛伊德的「原因論」強調過去的經歷會影響甚至決定個體的行為，阿德勒則認為，我們做出的行為、表達的情緒，更多是受到目的的影響。

我們無法從某種痛苦或麻煩中走出來，可能不是因為我們沒有能力走出來，而是不想走出來。比如一個人選擇沉浸在失戀的痛苦裡，可能是因為這種狀態讓他覺得自己是一個痴情的人，也可能是想借此向身邊的人表達自己受到了傷害，最終的目的是想要得到同情和關注。

「目的論」的積極意義在於，它可以讓我們更誠實地剖析行為的動機，透過調整動機來更好地面對未來。

第二章——自卑與補償

自卑感不是貶義詞，也不是一件壞事，
而是一個中性詞。
自卑感是人類文化的基礎，
也是推動人類進步和個人成就的主要動力。

自卑感的產生

在諮詢工作中，經常有來訪者跟我說：「我很自卑，感覺自己什麼事情都做不好。」這時候，我往往會邀請他們聊聊，他們所說的「自卑」具體是指什麼。大多數情況下，我得到的回應是：我長得不好看，所以我自卑；我被主管批評了，覺得自己很差勁；我不敢當眾跟別人交流；我沒有錢；我不能像別人一樣成功……

似乎所有的自卑都表現為我們對自己的負面評價：我不好、我不行、我沒用、我不夠優秀、我想成為像誰誰誰那樣……這對於我們來說，是一種糟糕的感受。

自卑是一個心理學概念，是我們的人格特質之一，主要是對自我的一種否定，或是對自身狀況的不滿意。一般來說，自卑的表現方式有很多種，不僅僅是我們前面提到的負面自我評價，還有一些人會用自負的方式，來掩蓋自己的自卑，比如我們常說的「槓精」（編按：愛抬槓的人），他們往往會透過爭強好勝的方式，來掩蓋自己虛弱的部分。對此，阿德勒在他的《自卑與超越》中分享了這樣一個例子。

三個孩子第一次去動物園，當他們站在獅子籠前，第一個孩子立刻躲到媽媽身後，膽怯地說：「我要回家。」第二個孩子則站在原地一動不動，臉色蒼白，用顫抖的聲音說：「我一點都不害怕牠。」第三個孩子表現得比較大膽，他不但目不轉睛地盯著獅子，甚至還問媽媽：「我可以向牠吐口水嗎？」

實際上，這三個孩子都害怕獅子，因為他們在獅子面前都處於劣勢地位，也就是他們是渺小的，這種渺小會激發起人類與生俱來的自卑感，但又由於他們各自的人生態度和生活模式不同，所以每個人的表現和反應也都不同。

在這裡，我需要先跟大家澄清一下，自卑和自卑感是兩個不一樣的概念。正如前面我們所說的，自卑是我們的人格特質之一，而自卑感則是一種感受、一種體驗，類似於我們常說的成就感、榮譽感。舉個例子，「甜」是一個名詞，我們很難去解釋它，但是甜的感覺，我們是可以描述出來的，它更多是源於我們的一種感受。在此，我想聊聊自卑感是怎麼產生的。

關於「自卑感」，阿德勒在他的《自卑與超越》中提出了另一種詮釋。阿德勒認為，自卑感是個體心理學的一個基礎概念，它不是狹義上的貶義詞，也不是一件壞事，而更多的是一個中性詞。在個體心理學中，自卑感是人類文化的基礎，也是推動人類進步和個人成就的主要動力，比如一個人由於對自己的能力感到自卑，便奮發圖強，不斷地發展和充實自己的能力，以至於最後成為某一領域的佼佼者，這讓他獲得滿滿的成就感。但嚴重的自卑感是心理上的一種缺陷，常常包含著羞恥和挫敗，甚至會對我們有傷害性，比如我們會因為感到自卑而去跟他人比較，總是拿著自己的缺點和別人的優點比，總是覺得自己處處不如別人，看不到自己的價值，這阻礙了我們去建立良好的人際關係。

事實上，自卑感是人類與生俱來的一種感受。為什麼這樣說？阿德勒在個體心理學的研究與構建過程中，結合他本人從小身體羸弱的經歷，從生理學的角度認為，人類在幼兒時期，由於身體的弱小、無力，必須依賴成人的幫助與愛護才得以存活，因而人類從出生伊始，就會存在一定的自卑感，我們稱之為「先天性自卑感」。

人類幼兒剛出生的時候，跟其他動物不太一樣。人類幼兒需要依賴成年人的照料，才能夠存活與發展，不像有些動物一出生就具備自己移動身體的能力，比如小羊羔出生以後，很快就會站立，不用母羊教。人類幼兒如果在早期沒有人照顧，那就意味著被拋棄，無人能依賴，這使他幾乎無法存活下來，而且幼兒內心會有極大的恐懼感。如果這時候有媽媽在身邊把他抱起來哺乳，那麼幼兒才有生的希望。因此，一個人在生命早期的「自卑感」，更多是由可能被拋棄的死亡恐懼感所引起。

這種自卑感延伸到成年後會表現為：我覺得自己什麼都做不到，只能由他人來幫助或者滿足我，如果對方離開了我，我就沒有能力獨自活下去。這跟幼兒早期的自卑感是一致的。

事實上，這種先天性、幼兒期的自卑感，在每個人身上都存在，只不過在我們成長的過程中，因為所受到的教育或者我們被對待的方式不同，導致有的人透過發展自己，補償了這種自卑感，而有的人卻持續甚至放大了這種自卑感。

另一方面，隨著個體心理學的深入發展，阿德勒有意識地從心理與社會障礙的領域，也就是從生理學之外的視角來研究自卑感。在這一階段，阿德勒十分強調家庭教育與兒童自卑感的關係。這種自卑感，更多來源於後天人為造成的一種自卑體驗。

我有一位來訪者曾經這樣說：「我所有的表現都不錯，各科學習成績在班上都是前幾名，但即使這樣，我的父母還是不滿意，似乎只要我不能超過我們學校的第一名，我就是沒用的，在他們眼裡我就像一個廢物，我覺得自己特別自卑，尤其是看到一些成績比我好的同學，我就會控制不住地嫉妒他們。」

我們會發現，在家庭教育中有很多這樣的比較。比如，在一些家庭中，挑剔型父母或打壓型父母往往對孩子不抱善意，經常性否定自己的孩子：「你怎麼連這個都做不好？你怎麼這麼笨？我把所有的時間和精力都花在你身上了，你為什麼還不如隔壁小明優秀……」這些語言攻擊其實會對孩子造成很多自卑的體驗，並且一旦父母的這些批判被孩子內化了，那麼，之後孩子做任何事情時，這種充滿著否定和批判的聲音就會出現，使一個人變得極度自卑，唯唯諾諾，不敢去嘗試。

再比如，在重男輕女的家庭中，女孩出生以後，由於父母更期待她是一個男孩，她會因為自己缺乏男性的體格或者某些器官而感覺到自卑，我們稱之為「性別自卑」。如果這種情況沒有被好好地解決，甚至被強化了，那麼有可能一些女孩長大了以後，就會對男性有一種天生的恨意，當然也有可能發展成把自己視為服務於男性的角色。

如果在家庭教育的過程中，父母能提供我們足夠的肯定和支援，那麼這些人為造成的自卑感，就不會一直停留在我們身上，或許還能透過其他方式進行補償和發展。但是，一旦被強化了，我們就會感受不到自己的價值。即使想要改變，想要達到自信滿滿的狀態，也會因為自我能力的不足，再次體驗到強烈的挫敗感和無力感，進而陷入到自卑的情結中。

還有一種自卑源自社會階層，這在中國文化中也有一些體現，比如，古詩文〈陋室銘〉中說到「談笑有鴻儒，往來無白丁」，再比如「萬般皆下品，唯有讀書高」，其中的「白丁」和「下品」都體現了我們所說的階層自卑感。

總的來說，個體自卑感產生的原因有很多，不僅有先天性的，也有後天人為造成的。自卑感作為一個中性概念，可以成為激發自我發展的力量，也可以成為我們前進的阻礙。因此，自卑感本身從來都不是問題，有問題的往往是我們解決自卑感的方式。如果一個人的自卑感很強，但能力又不夠，那麼，就會體會到一種糟糕的感受，我們稱之為自卑情結。

自卑情結的運作

「自卑情結」是個體心理學的重要概念，指一個人在意識到自己要面對一個他無法解決的問題時，表現出的無所適從。

如果我們把自卑感比作一座山，並且是我們可以看見、可以意識到的，那麼，有些人可能會認為，只要我把這座山移開，就不會自卑了。但是，在移山的過程中，我們發現自己的能力是遠遠不夠的，從而體會到強烈的挫敗感。所以，愈是想要移開這座山，可能愈會感到自卑。當有些人發現自己的努力無濟於事時，他就不會再有任何的移山行為了，轉而希望他人為自己解決一切問題，包括移開這座山，而不是想辦法讓自己變得更強大。

甚至有的人會直接忽略這座山，不斷地挑剔腳邊的石頭，認為是石頭讓自己變得那麼痛苦。但不管怎麼樣，這座山依然還在，那種自卑的感覺也依然還在。久而久之，它就變成了一種固定的情結，也就是在困難面前，他們會退縮、逃避、不作為。於是，當某一天我們看見另一座山的時候，這種無力解決的自卑感會再次出現，成為我們解決所有問題的障礙。對於這種情況，我們稱之為自卑情結。

在這裡，我重新用場景來解釋一下自卑情結。有一天，我要去面對一個有二百人聽眾的演講，這讓我壓力非常大，擔心自己的能力不夠，也擔心自己在演講過程中出差錯，特別是看到前面的嘉賓演講得那麼好的時候，我出現了一種恐懼，這種恐懼促使我產生一種心理反應，這種反應就是：「哎呀，我要不就按照前面嘉賓的方式去演講。」當我站上臺的時候，我發現自己演講的效果並不理想，下面的人似乎都不愛聽，也沒有人回應我，這種演講效果引發了我內心崩潰的狀態，在這一刻，深深的恐懼感讓我草草地結束了演講。當下一次有演講機會的時候，我可能會拒絕。拒絕的原因並不是我認為自己還需要提升演講能力，或者我應該去發展個人的演講風格，更多的是我內心不斷地告訴自己：「這個演講我是做不來的，我不是一個會演講的人。」

在這個過程中，我的自卑情結就產生了，也就是我們所說的「演講恐懼症」。當我可能需要再次在很多人的場合說話時，我會覺得很恐懼，以至於最後語無倫次，或者根本不願意表達任何東西。因為此時的我，並沒有關注演講本身，而是在關注「我不行」。於是，一次又一次地錯失了很多表達機會的我，就有可能變成一個無法當眾演講的人。

因此，我一直認為，自卑情結是一種思維方式，一種自卑的模式。當一個人沒辦法做成一件事情時，他會產生一種特別強烈的焦慮感和自我懷疑，如果這種情形沒有得到改善，那麼以後遇到類似的事情，他的第一反應就是覺得自己可能又做不成這件事情了，以至於最後直接放棄對這件事情的挑戰，或者自我欺騙，認為自己只是不想去做。

這個過程與認知心理學中的「習得性無助」非常類似。「習得性無助」是美國心理學家馬汀．塞利格曼（Martin Seligman，一九四二年生）於一九六七年在研究動物時提出的，他用狗做了一項經典實驗。起初他把狗關在籠子裡，只要蜂音器一響，就給狗電擊。狗關在籠子裡逃避不了電擊，多次實驗後，蜂音器一響，在給狗電擊之前，塞利格曼先把籠門打開，此時狗不但不逃，而且電擊還沒出現，就先倒地開始呻吟和顫抖。沒有主動逃離，而是絕望地等待痛苦的來臨，這就是「習得性無助」。

後來很多實驗證明了，這種「習得性無助」在人們身上也會發生。比如在現實生活中，那些長期經歷失敗的人，他們常常會出現「習得性無助」的特徵。當他們無論如何努力都以失敗告終時，他們就會選擇「擺爛」、「躺平」，毫無鬥志，最終直接放棄了所有的努力，陷入無盡的痛苦和絕望中。

因此，如果一個人長期陷入自卑情結中，就會影響自己的生命品質和人際關係，甚至影響自己在社會生活的很多情緒和感受。舉兩個相對比較極端的例子，它們讓我們看到，當自卑情結運作時，我們的情緒和行為會受到多大的影響。

第一個例子是關於整型強迫症。我的一個來訪者是位三十多歲的女性，從小被媽媽說長得不好看，同學還給她取了一個具有侮辱性的外號「醜八怪」，這讓她覺得很羞恥，以至於她從小就討厭自己的長相，對自己的容貌很自卑。所以長大後她不斷地整型，去做各種可以讓自己變漂亮的美容項目，但是到最後，即使身邊的朋友都覺得她已經很好看了，她還是覺得自己不夠完美。慢慢地，她甚至想把自己整成自己喜歡的女明星，直接想成為另外一個人。這是一件很瘋狂的事情。這位女性也知道整型是有風險的，而且整型的效果很難控制，在這種情形下，她不知道自己要不要去做這個手術，於是每天都處在焦慮的狀態。所以，她來找我諮詢。

實際上，她並不是因為要不要做手術而焦慮，她焦慮的是，她能不能真的變得像自己喜歡的女明星一樣美。這種不確定的感覺讓她很焦慮，而焦慮感來源於失控感，也就是她無法控制自己的容貌，無論是小時候的長相，還是整型後的容貌。從創傷心理學的角度來說，整型是她療癒小時候的自己的一種方式。同時，強迫性的整型行為，更多是她對母親的報復。因為她無法改變母親遺傳給她的基因，那只能轉而透過整型來改變自己的容貌，讓自己獲得變漂亮的優越感，以此來反抗母親。

這其實就是典型的自卑情結：你們認為我好看並不重要，整型也不重要，最重要的是我擁有我想像中的天使臉蛋才可以。一旦腦海中充滿了這種信念，她跟別人聊天的話題都是圍繞著整型來展開的，以至於整型醫生似乎變成了她的心理醫生。

另一個例子則是關於憂鬱症。憂鬱的源頭，很多時候是一個人對自己的不滿。有一位四十歲左右的男性找到我，他說這段時間自己的負面情緒很多，感受不到任何開心的情緒，非常憂鬱。在後來的諮詢中我了解到，這位男性剛被裁員，去其他公司面試又屢屢失敗，這讓他陷入了深深的自我懷疑中。他覺得是自己的能力不足，想要出去創業又發現自己沒有任何人脈資源，而此時妻子還不斷地催促他找工作，他想要和青春期的兒子聊聊天，也被嫌棄說什麼都不懂……一次次現實與理想的差距，都加劇了他對自己的否定。

一方面，他感覺自己一無是處，拖累了家庭；另一方面，他又很憤怒，覺得許多人都對不起自己，自己失業也是公司忘恩負義。這讓他對自己的攻擊一直沒有停止過，同時，他也對無力徹底改變這種狀態的「不夠好的自己」，極其憤怒和嫌棄。在這樣情況下，人的內在是不可能和諧的，因此他覺得自己憂鬱，活在一種非常負面的感覺裡。

我們常說，憂鬱呈現出來的是「三無」的狀態，即無力、無望、無助。這個時候，如果身邊沒有足夠的支持性資源，而自己又沒有足夠的能力走出來，這種憂鬱最終會吞噬我們的生命，這是非常可怕的。

那麼，我們要如何解決這種自卑的感覺呢？

自卑、自卑感、自卑情結

自卑是人格特質之一，它的表現方式有很多種，比如充滿對自己負面的評價，或是用極度自負的言行來掩蓋自卑。自卑感則是一種體驗和感受，它本身是中性的，可以成為激發自我發展的力量，也可以成為我們前進的阻礙。自卑感從來都不是問題，有問題的往往是我們解決自卑感的方式。

自卑情結則更像一種思維方式，當一個人沒辦法做成一件事情時，他會產生一種特別強烈的焦慮感和自我懷疑，如果這種情形沒有得到改善，便容易形成固定的情結，在困難面前退縮、逃避、不作為。當自卑情結運作時，一個人的情緒和行為會受到很大的影響。

解決自卑感的方式

每個人表現自卑的方式不同，同樣地，解決自卑感的方式也是不一樣的。比如，有的人需要讓自己處在自卑的狀態裡，因為這樣的自卑是他們的一種生存策略，或者說是一種防禦手段，是能夠獲益的。一個自卑的人可以這樣告訴別人：「我都那麼自卑了，那麼糟糕了，你還想我怎麼樣。」他可以藉此來避免承擔一些原本屬於自己的責任。再比如，有的人解決自卑感的方式，是去獲得某種優越感。就像阿德勒一樣，因為對自己的身體缺陷不滿意，不斷發奮圖強，創造出對人類有極大貢獻的個體心理學。

雖然自卑感無法消除，但是我們可以透過一些方式，讓自卑的體驗在我們生命中，達到一種平衡的狀態，不至於對自我產生負面的影響，比如，我們可以對自己的經歷進行創造性的解讀。

我曾經見過一個特別暖的男人，他的事業很成功，是某家公司的副總裁。他有一個很奇特的技能，是可以讓別人一眼就記住他。

我們第一次見面是在飯局上，當時有十個人，每個人都有自己的手機，他很自然地把每個人的手機拿過去擦得乾乾淨淨，而且完全不會讓我們覺得不舒服。後來，我們慢慢熟起來，我就好奇地問他：「你這個技能可以讓我一輩子都忘不掉，你一直是這樣的嗎？」他說：「我一直是這樣的，我覺得讓很多人開心就是我的責任。」再後來，隨著交往加深，我了解到他家裡有七個兄弟姊妹，他排行第六。他媽媽原本生到第三胎的時候，就不想再生了，但現在一共有七個，可以想像後面那幾個孩子是不被媽媽盼望而降臨的，甚至他的名字就是老六。他有一次跟我說，他之前報考某所學校時，他媽媽竟然問他：「老六，你的名字是什麼？」

家庭經歷讓他覺得自己不被重視，所以在他的人生中，他一直想要追求的東西，就是能讓別人記住自己。他說，在這個過程中，他反而學會了更多的技能，例如，如何把握住機會，怎麼更好地表現自己等，這些都為他的事業帶來了很大的幫助。

因此，即使有著同樣的自卑體驗，不同的人也會有不同的命運，主要看我們選擇如何去解讀我們的經歷。追求優越感是很多人解決自卑感的主要方式。阿德勒認為，人人都在追求自己獨有的一種優越感。它取決於人們賦予生命的意義。

在我很小的時候，我們村裡有一個五十多歲的男性，不怎麼出門，也沒有穩定的長期工作，跟人打交道的時候也總是唯唯諾諾。我能夠深刻地感覺到，在跟所有人交往的過程中，他有一種強烈的自卑感。

但他有一種技能，就是村裡誰家親人去世了，他會被邀請去當葬禮司儀，並且他能夠掌控葬禮的所有流程。在這個過程中，我發現他和平時不太一樣，他在當司儀的時候，神態是非常自信的，抬頭挺胸，有一種權威的感覺。那一刻，他完全沒有平時唯唯諾諾、自卑的感覺，像是變了一個人似的。所以，當一個人在某方面特別突出的時候，他就能從中獲得很強的優越感，並且能夠補償在其他領域的自卑感。

我曾遇過一個人，他在任何場合裡，句句都不離他的朋友們，說他的朋友有多麼厲害、多麼成功，似乎認識那麼多厲害的人，他也很厲害。但實際上，他的社會階層相對來說是比較弱的，生活和工作也是一團糟。因此，他內在希望透過自己有這麼多厲害的朋友，來補償自己自卑的感覺。但是，這是一種過度補償，而且獲得的是一種自欺的優越感。這對於關係、對於別人和對於社會來說，其實沒有太多貢獻。

因此，當我們用自欺的方式去補償自卑時，恰恰又陷入了我們所說的自卑情結中。這是一個無限的迴圈，需要警惕。那麼，如何追求優越感呢？這個問題，我們將在下一章中具體討論。

圖說：約一九三〇年，阿德勒（右一）被提名為維也納榮譽市民。照片中的阿德勒與另外三個人保持了一些距離，似乎並不親近，表情也比較嚴肅，感受不到被提名為維也納榮譽市民的愉悅。

這個時期的阿德勒與佛洛伊德的關係進一步破裂，一九二八年，阿德勒明確否認佛洛伊德在《精神分析運動史》一書中，對他們九年交集的描述。一九三〇年，在第五屆國際個體心理學大會中，阿德勒駁斥了佛洛伊德《文明及其不滿》一書中所傳達近乎宿命論的絕望情緒。

第三章——追求優越

超越現在的自己，
這種優越感是實實在在的，
可以讓我們充滿自信，
也可以補償我們的自卑感。

我們的一切行為都是為了追求優越

在上一章中，我們提到自卑感是人類與生俱來的一種感受，它源於人類的弱小和無助，而大多數人補償自卑感的方式，是去追求一種優越的感覺。

對於優越感，人們往往認為它具有貶義，以至於用這個詞來形容一個高傲自負的人。實際上，我們每個人都不同程度地擁有某種優越感，比如職業優越感，一個國營企業的員工，在工作不穩定的人面前會感覺良好；再比如身高優越感，一個高個子的人在小個子面前會更有身高優勢。可以說，追求優越是人類的基本需要，沒有優越感的人是不存在的，只不過每個人追求優越的方式有所不同。

追求優越，是阿德勒個體心理學的核心概念，也是支配個體行為的總目標。阿德勒認為人生而具有一種「向上意志」，這種內在驅力將人格各方面匯整成一個總目標：要求自己高人一等、出人頭地，就像地裡的麥芽一樣，都想要破土而出，向著有光的地方生長。阿德勒把這種內在驅力稱為「追求優越」，與佛洛伊德所提出的「性和攻擊是人類的兩大驅動力」這一觀點有著重大區別。阿德勒更多地認為，追求優越是人生的推動力，在這種力量的驅動下，個體力圖當一個沒有缺陷且完善的人，而所做的一切都是為了建立一種優越感，藉由這種優越感來克服生活中的障礙，以及補償自身的自卑感。因此，超過別人，優於別人，都是個體追求優越的人格體現。

對於「追求優越」這個詞，可能很多人認為，這是一件美好的、努力向上的事情。但其實不然。個體心理學中所說的「追求優越」具有雙重性，不一定是朝向美好的一面，也有可能朝向破壞或者痛苦的方向。

比如，一個孩子為了追求優越，他會用功讀書，考個好成績，讓自己表現突出，成為眾人的焦點；但有些孩子在認為讀書並不能讓自己出人頭地後，就會透過反叛、離家出走，讓自己成為「壞孩子」，同樣達到「我是特別的」這種優越感目標。因此，追求優越的不同方式，會呈現出不同的結果。

有個成語叫「趨利避害」，即趨向有利的一面，避開有害的一面，這是人之本性。如果從心理學的角度來說，趨利和避害，也是個體追求優越的兩種不同方式。

我有兩個學生，當我需要學生A去做一件事情時，他會不斷地詢問我關於事情的所有細節，似乎要把事情做到完美。後來，我觀察了一下，發現學生A之所以那麼謹慎，是因為他對事情的結果有很高的期待，特別害怕自己做錯了。所以，為了不體驗失敗和錯誤的感覺，他就不斷地確認資訊。這對他來說，是一種自我保護的方式，同時在不犯錯的基礎之上，他獲得了一種優越的自我評價：我是負責的人，我是一個還不錯的人。

我的另一個學生B，當我同樣交代她去做一件事情時，她會先確定這件事情，我們需要達到什麼樣的目標，然後根據這個目標不斷地去細化行為，同時在這個過程中，她會主動地提出很多新的想法，往往最後給人一種耳目一新的感覺。

這兩位學生，最後都順利完成任務，滿足了自己對優越感的需求，即實現了優越感目標，但帶給我的感覺是截然不同的。學生A追求優越的方式，更多是一種避害的行為，以達到「我是一個不犯錯的人」的目標或者結果，這對應的也許是他內在的自卑體驗：我是一個容易犯錯的人，我是一個不中用的人，我是一個對他人沒有太大貢獻的人，如果我沒有做好的話，就不會被別人所愛。而學生B做事的積極性非常高，很多行為是自動自發的，更多的是一種趨利的行為。這個利，就是我們所說的優越感，她可以把完成一件事情的優越感，轉化成一種自我成就感，能夠增加自信，創造出更多有意義的結果。

或許，有人會問這樣一個問題：「追求優越真的能補償我們的自卑感嗎？真的能讓自己變得更好嗎？」在這裡，我需要澄清一點：並不是所有追求優越的人，都是為了變得更好，我們需要看到一個人追求優越的目標是什麼。比如，我的那兩位學生，學生A是不會讓自己變得更好的，因為他追求優越的目標是不能犯錯。但是學生B追求的是自我成長，獲得更多的經驗和體驗，這可以補償我們的自卑感，甚至能幫助她成為一個對社會和對他人，都具有更高價值的人。

每個人的優越感目標都是不同的，它依賴於個體賦予生活的意義，而在向著目標前進的過程中，所獲得的便是優越感。阿德勒在《自卑與超越》中提到：「優越感的目標一旦被具體化後，個體的生活模式、行動都會為此目標服務。」因此，所有的問題兒童、精神官能症患者、酗酒者、罪犯或性變態者，他們的生活方式和行動都是為了達到他們所認為的優越地位。

舉例來說，一個出生在多子女家庭的女孩，因為患有厭食症而獲得父母的特殊關注和照顧。當醫生問她為什麼不想吃飯時，她回答道：「當我不想吃飯的時候，我的父母會花大量的時間來照顧我、哄我，甚至會想方設法，幫我買很多零食，這些待遇我的哥哥姊姊都沒有。」由此可見，吸引父母更多的注意力，就是她的優越感目標，而她需要厭食症來幫助她達到這個目標。從這個角度來說，她的厭食症是必須存在的，如果不存在，她就無法獲得父母更多的愛。

再比如，有句話叫「過分謙虛等於驕傲」。如果你是一個大家公認的美女，當別人讚美你漂亮的時候，坦然接受讚美會讓人覺得你很真誠；反之，如果你回答「其實我長得很難看」，從而想表現自己是一個謙虛的人，這與客觀事實相悖的回答，就會讓人覺得虛假，而這一行為的動機，就在於「成為一個謙虛的人」是你的優越感目標。

優越感的滿足

在生活中，我們可能會遇到這樣的情況：羨慕朋友，嫉妒同事，忍不住跟他人比較，諸如此類。這種嫉妒和比較的背後，恰恰反映了我們每個人都潛藏著追求優越的需要。

有些人特別喜歡透過打壓別人，來滿足自己的優越感。網路上的「鍵盤俠」就是最典型的例子，經常在網路上抨擊別人這不好，那不好，這做得不行，那做得不行，似乎全世界只有他是最好的、最棒的。同時，他們還會站在道德高點去評判別人的行為。別人出軌了，他們會說：「真不要臉，有這麼好的伴侶還出軌，這是對婚姻的不尊重。」別人離婚了，他們會說：「這麼好的婚姻就這麼沒了，肯定是其中一方不用心。」

這種「我對你錯」的評價過程，滿足了這類人的自戀，從而獲得一種道德上的優越感——我是在幫你，我是一個好人。對於這樣的優越感，我們稱之為自欺式的優越感，是用來自我安慰和自我陶醉，它是自卑情結的一種表現，創造不了任何價值。

那我們應該如何追求優越，以恰當的方式獲得優越感的滿足呢？我們可以從現實性和社會性兩個維度，具體地來看看。

第一，從現實性的維度來看，優越感的滿足有兩種途徑。一種是現實的途徑，比如透過自己的努力，而取得一定的職業成就或社會地位，或者透過運動鍛鍊，讓自己擁有健康的體魄等。另一種則是想像的途徑，比如幻想可以擁有巨大的財富、完美的身體，成為世界的拯救者，擁有特異功能等，以此來獲得優越的錯覺。

現在很多人都有身材焦慮，甚至會以減肥或健身作為一種生活時尚。當他們決定減肥的時候，其實已經設想了自己減肥以後的結果，甚至想像了一個符合自己期待的完美身材。在這個過程中，他會直接發文到社群朋友圈，告訴所有人自己要減肥了。當他發文時，不管能不能減肥成功，都會因為自己的這個決定，展現了自律的生活態度，而感覺到優越。無可非議，在那一刻，他是可以體驗到優越感的，並且特別沉迷於自己在社群朋友圈做出承諾而帶來的優越體驗。但是，當他在減肥過程中，因遇到困難而產生迴避心理時，他會非常自責，甚至認為自己什麼都做不好，以至於最後陷入自卑情結中。這就屬於透過想像，來獲得優越的錯覺。

而另一類人，當他決定要減肥塑身時，他不會告知任何人，而是默默地按照自己的節奏在行動，並且為了達到自己設定的減肥目標，主動改變原本的生活方式，打算悄悄地努力，然後讓所有人驚豔。因此，當有一天他的目標達成了，他會覺得自己很不錯、是有自信的。也許他會把自己減肥前和減肥後的照片貼在社群朋友圈，但這是對自己的一種肯定，而且從中獲得的優越感也是真實的、有力量的，能夠讓自己感受到有所成就。這就是透過現實途徑，來獲得優越感。

失戀也會激發人們以不同的方式追求優越，因為失戀會讓我們的自戀受損。我記得大學有一位同學，他追求我們班的一位女生，但是，無論表白還是送禮物都被拒絕了，女生拒絕他的理由，是想要找一個多才多藝的男生當男朋友。這讓他非常鬱悶，覺得自己什麼都不會，也沒有什麼興趣愛好，所以難受得在床上躺了好幾天，然後他跟我們說，他要去學圍棋，還要去學跳霹靂舞。當時我們都以為他在開玩笑，但是後來他真的非常努力地完成這兩件事情，在圍棋比賽中，打敗了我們學校的所有對手，而他的霹靂舞也跳得特別好，成為學校表演中的一個壓軸節目。

在這個過程中，我能明顯感受到他愈來愈有自信，完全不像之前表白被拒後的頹廢。雖然，後來他沒有跟之前追求的女生在一起，但是他透過現實的努力，讓自己變得更加優秀，而這種優秀在無形中，讓他產生了一種真實的優越感和滿足感，整個人都變得神采飛揚，不再覺得自己很糟糕。

當然，也有一些人在失戀後，幻想對方有一天會回心轉意來找自己，或者不斷地抱怨、指責對方，甚至有的人會透過散布謠言來惡意中傷對方，以此獲得一種虛假的優越感，即我那麼好，離開我是你的損失。

第二，從社會性的維度來看，獲得優越感也有兩種方向。一種是追求個人的優越，如個人的名聲、地位或財富，甚至為了獲得這些優越感，不惜忽視社會和他人的需要，這對社會生活是無益的；而另一種是在為社會貢獻的過程中，實現個人的追求和價值，這是對社會有益的，也是被社會鼓勵的方式，比如一些慈善企業家和社區工作者所從事的工作。阿德勒在「社會興趣」這一概念中，也非常清楚地表達，如果一個人在追求優越的同時，把自己的優勢與社會興趣結合在一起，那麼，這種追求優越會讓他更有利於發展自己的人生高度。這裡談到的「社會興趣」是阿德勒心理學的重要概念之一，我會在後面詳細展開。

因此，追求優越的結果具有雙重性。如果我們追求優越只是為了個人的利益，只是為了補償我們的自卑，那麼，雖然我們能夠得到暫時的自尊提升，但也有可能會讓自己陷入自欺的優越感中，容易自以為是和驕傲自大，同時缺乏社會興趣，迴避所有的社會活動和社會交往，這是不可取的方向。只有建立在現實的基礎上，為社會生活做出有益貢獻的優越感滿足方式，才更有利於個體的身心健康，是一種雙贏。

需要被警惕的四種優越感

在我們的生活中，聽到更多的可能不是追求優越，而是追求完美。但是，追求優越和追求完美是兩件完全不同的事情。追求優越是一種動力，而追求完美是對現實中的自己的否定。

我們都知道，完美是不存在的，人生來就存在各式各樣的缺陷，不管是生理的還是心理的，所以，完美更多是我們的一種妄念。也許我們只是用追求完美，來作為對自己的一個定義：我是一個追求完美的人。這聽上去是如此與眾不同，似乎已經讓我獲得了一種虛幻的優越感。

經常有來訪者跟我討論，為什麼自己做事總是喜歡拖延。如果用阿德勒心理學理論來解釋，拖延症就是追求完美的結果，而追求完美，是為了獲得一種優越感。這裡面有三個動力。

第一個動力是，拖延是因為害怕犯錯，是一種避害的行為。我是一個不會錯的人，我要做出完美的結果，如果做錯了，有可能我會受到某種懲罰，所以我很害怕。當一件事情只停留在腦子裡，沒有付諸行動的時候，它就不會有結果，但是一旦我付諸行動，結果就不受控了。而且在這個過程中，我可能會對自己的能力感到自卑，所以，拖延是為了平衡我內心自卑的感覺。

第二個動力是，當我可以把原本要花三個小時做的事情，在五分鐘內完成，我就會覺得自己特別厲害。所以，很多把事情拖到最後一刻才完成的人，他本身是在追求極致的優越感，也是一種極度的自戀。

第三個動力是，拖延是為了得到一個完美的結果，所以我們不斷地在構思，只要不讓這個完美的結果被打破，那我就是一個追求完美的人，這是能夠獲得優越感的。只不過，是一種自欺欺人式的優越感。

生活中，我們需要警惕一些不易被察覺、隱祕的優越感。在這裡，我把這些隱祕的優越感大致分為四類。

第一類是權力優越感。我們會發現，有些人是不能擁有權力的，一旦擁有權力，他會把這種權力運用到極致。比如，一個覺得自己在生活各方面都不是很如意的保全人員，當他擁有放行他人的權力時，就會故意刁難別人，故意約束他人的人身自由，以獲取優越感，或者與所有的人敵對，讓自己成為一個掌控者，甚至會用一個看似很高尚的理由來控制你，比如保護你的安全，同時無視你的所有訴求。再比如，當一個人在打擊或者貶低對方時，也是為了獲得權力高位的優越感。

在這裡，我跟大家分享一個故事。當我的小孩上一年級的時候，老師要求父母和孩子一起製作手抄報（編按：一種作業形式，需要考量文字資訊和版面設計），但我把作業的主題理解錯了，導致小孩沒有完成任務，他很不開心，當時我就跟他承認了自己的錯誤：「兒子，很抱歉，是我把手抄報的主題搞錯了，爸爸有時也會犯錯，但沒關係，大不了重做一份，怎麼樣？」我道歉之後，孩子扭捏了一下，但沒過多久，就自己把材料準備好，讓我和他再做一份新的手抄報。我之所以會真誠地向孩子道歉，是想讓孩子看到，即使是他崇拜的爸爸，犯錯也是正常、能被允許的事。

然而，有些父母很在意自己作為父母的權威感，即使是無心犯錯也不肯承認，甚至會用指責的方式把錯誤推到孩子身上，或者為了推卸責任重新定義對錯的標準，這些都是父母無法承擔責任的表現。同時，這些父母會認為「我沒有做錯」、「我是在為你好」，或者「這是我的孩子，我不可以跟他道歉」，他們透過這樣的心理暗示，把所有的東西都合理化了。

其實，這樣的父母已經把自己架在一個權力高位上了，他必須要用一種權威的方式來讓孩子認同他，殊不知這樣會讓孩子感到痛苦。被這樣對待的孩子，成年後也習慣於小心謹慎，不敢犯錯，怕犯錯後自己就會像小時候那樣，受到來自父母的懲罰、數落與埋怨。即使犯了錯，也多半不敢承認，可能會學父母那樣，把責任推給別人或掩蓋自己的錯誤。除此以外，還有另外一種相反的極端表現，就是過於負責。由於過於想要當一個不犯錯的人，有時候即使別人並沒有指責自己，還是會過分自責，甚至把一些不完全屬於自己的責任也攬到身上，從而導致內耗過重。這樣的孩子在追求優越的時候，也大多無法體驗到真正的優越感和成就感。

在職場上，這種權力優越感也常常存在。我們會發現，如果你在職場上是底層員工，可能會遇到一些人特別愛開你的玩笑，雖然這種玩笑讓你感受到是惡意的，但對方還會跟你說：「你這個人怎麼這樣，連玩笑都開不起。」很顯然，對方透過這種玩笑來釋放他的攻擊性，讓你感受到挫敗的同時，他得到了一種權力的優越感，即他認為他可以影響你的情緒，評判你這個人。另一方面，在職場上也有一些人會透過支配力，來獲得一種優越體驗，比如有些老員工會讓新員工去買咖啡、拿外賣，或者在新員工面前論資排輩，目的是想讓新員工順從他們，從而獲得權力的優越感。

第二類是自大式的優越感，也叫自欺式的優越感。有些人認為自己與眾不同，不想參與到其他人的活動中，有一種「眾人皆醉我獨醒」的獨特優越感。比如，有些無所事事的人會把自己幻想成某個國家的拯救者，以至於經常評論該國的總統是不合格的，如果讓他當總統，肯定會比現在更好。但實際上，這種自大式的優越感，更多是對現實生活的一種迴避，是在逃避自卑。他無法面對自己的自卑感，甚至認為有了自大式的優越感，自卑就消失了，就像阿德勒在《自卑與超越》裡提到的，去動物園看獅子的第三個孩子，其實他心裡很害怕獅子，但是他表現出來的是一副無畏的樣子：「我可以向牠吐口水嗎？」從心理動力學上來講，這是一種反向作用，是一種自我防禦。因為自己太過虛弱和脆弱了，所以需要這種自大式的優越感來保護自己。

再比如，有些人特別喜歡八卦，當他獲得了一個沒人知道的資訊，並分享給別人的時候，他會得到某種優越的體驗，因為這個資訊只有他一個人知道。這其實就是自我陶醉的自欺式優越感。

第三類隱祕的優越感，我稱之為虛榮感。我們如何理解虛榮的感覺呢？舉個例子，幼稚園裡有兩個小朋友，小朋友A有一個超酷的超人力霸王玩具，是爸爸送給他的生日禮物。當小朋友A把這個玩具帶到幼稚園，所有的小朋友都很羨慕，搶著要跟他一起玩。小朋友B看到這個情況以後，感到很嫉妒，所以他想方設法地把小朋友A的玩具偷走。然後第二天同樣拿到幼稚園跟所有的小朋友說，這是我爸爸買給我的生日禮物，可能其他小朋友也會很羨慕他，他會很有優越感。但是這種優越感並不是他自己創造出來的，而是來自於他人，來自那個他偷來的玩具。所以，小朋友B的行為所產生的一切讓人內心極度膨脹的感覺，我們稱之為虛榮感。這和我們在新聞裡看到的，透過租豪車和名貴珠寶來炫富的年輕人，是同樣的性質。

最後，第四類，偽君子式的優越感。比如，一些暴走團的老人，他們無視交通規則，若無其事地在公路上或者慢車道上行走，認為自己是在做有意義的事情，實則是披著追求健康的外衣，掩蓋以自我為中心和法不責眾的真實意圖。《烏合之眾》裡有這樣一句話：「結群後，由於人多勢眾，個人會產生一種幻覺，感到自己力大無窮，不可戰勝，好像沒有什麼事情是辦不到的。」而一旦恢復到個人，他們又會有所收斂，做起事情來也會三思而後行。很顯然，這種優越感非常虛偽，更多是一種偽君子的行為。

但無論如何，以上這些隱祕的優越感，並不是朝向對社會有用的趨利的一面，而是朝向對社會生活無用的一面，甚至可能傷害他人。如果我們追求的是這些優越感，那麼，最後我們可能會陷入自卑情結中而不知。我們追求優越以補償自卑感的過程，應當是一個積極主動、富有創造性的過程，更是一個自身成長的過程。最後，我想引用日本哲學家岸見一郎和日本作家古賀史健所著的《被討厭的勇氣》這本書中提到的一段話送給大家：

所謂「追求優越性」是指自己不斷朝前邁進，而不是比別人高出一等的意思。不與任何人競爭，只要自己不斷前進即可。當然，也沒有必要把自己和別人相比較。健全的自卑感不是來自與別人的比較，而是來自與「理想的自己」的比較。

因此，我們所說的超越，更多的是超越現在的自己，是「今天的我比昨天的自己更優秀了一些」。這種優越感是實實在在的，是可以讓我們充滿自信，也可以補償我們的自卑感。

優越感的多面性

我們每一個人都不同程度地擁有某種優越感，比如職業優越感、身高優越感。優越感並不是一個貶義詞，對優越感的追求是大部分人補償自卑感的方式，是支配個體行為的總目標。

然而，「追求優越」是有雙重性的，不一定是朝向美好的一面，也有可能朝向破壞或者痛苦的方向。一個人可以透過努力，讓自己成為焦點，但也可能透過出格的行為，同樣達到「我是特別的」這種優越感目標。問題兒童、酗酒者、罪犯，他們的行為都是為了達到他們所認為的優越地位。

追求優越是一種動力，而追求完美是對現實中的自己之否定。完美是不存在的。也許我們只是用追求完美，來作為對自己的一個定義：我是一個追求完美的人。這聽上去是如此與眾不同，似乎已經讓我獲得了一種虛幻的優越感。

第四章——生活風格

生活風格是人格的核心，
提供並代表一個人心理機能的
統一性、獨特性、連貫性和穩定性。

生活風格是人格的核心

在本書的導言裡，我把阿德勒個體心理學中的「生活風格」概念，解釋為一種生活態度、價值觀或者行為模式，大多數時候，我們都會遵循這個價值觀或者行為模式，去生活和建立關係。

阿德勒認為，由於每個人的生活目標不同、能力不同，以及成長環境不同，因此追求優越的方式也各不相同。個體在追求優越的過程中，所形成和發展出來的包含行為、習慣和性格等獨特模式，被阿德勒稱為「生活風格」（lifestyle）。

事實上，在阿德勒的個體心理學中，「生活風格」這一概念經歷了多次的發展演變。阿德勒最初於一九一二年在《精神官能症的性格》（*The Neurotic Constitution*）一書中，提出「生活計畫」（lifeproject）的概念，認為個體的主觀信念透過生活計畫，給予生活目標某種指引。後來，他又用「引導意象」（guidedimage）、「生活路線」（lifeline）、「自我路線」（egoline）等概念，表達與此相似的意思。一九二九年，他在《阿德勒心理學講義》（*The Science of Living*）一書中，首次提出了「生活風格」概念，以統一之前各種不同的概念。他指出：「我們已經知道，有生理缺陷的人在面對困難時產生的不安全感，使他們遭受著自卑感或自卑情結的折磨。但是，人們不可能長期忍受這種情況，自卑感刺激他們有所行動，從而導致了一個目標的產生。長期以來，『個體心理學』把導向這一目標的持續一致的運動稱作生活計畫，但由於這一名稱時常在學生中引起誤解，所以，現在將它改為生活風格。」[1]

著名個體心理學家伊娃・德雷克斯・弗格森（Eva Dreikurs Ferguson）在其《阿德勒理論導讀》（*Adlerian Theory: An Introduction*）中，對生活風格做了更清晰的定義：「生活風格是人格的核心，提供並代表一個人心理機能的統一性、獨特性、連貫性和穩定性。」[2]因此可以說，理解一個人的生活風格，大致就能掌握他的全部面貌。不同類型的人格，會外顯為四種不同的生活風格。

阿德勒進一步將四種生活風格，劃分為健康和不健康的兩種類型。其中健康的類型是社會利益型，這使得個人與他人能夠和諧相處，合作共贏，有利於社會目標的實現；而不健康的類型則為支配—統治型、索取型及迴避型，這些都不利於建立良好的人際關係，也不利於發展自己。

---

1. 吳傑、王雲強，〈阿德勒生活風格學説的新近發展〉，《南京曉莊學院學報》，二〇一四年〇一期。
2. 弗格森，《阿德勒理論導讀》，李陽譯，北京：生活．讀書．新知三聯書店，二〇一八年。

支配—統治型（dominant-ruling type）

按照阿德勒的說法，持有這種生活風格的個體，缺乏社會興趣和勇氣，但同時他們追求優越的傾向特別強烈，不惜利用或者傷害別人，以達到自己的目的，是極度的利己主義者，他們往往非常霸道和強勢，具有較高的攻擊性。

另一方面，他們的內在極度自卑，需要透過支配或者統治他人來獲得優越感，同時為了顯示自己的強大，他們會透過各種方式來強迫、威脅甚至控制他人，雖然他不一定這樣表達出來，但是他所表現的態度，已經促使身邊的人只能按照他的想法去做。因此，遵循這種生活風格的人，具有強烈的支配和統治欲望。

這種風格的人，在孩童時期往往無視規則，以自我為中心，希望所有人都屈從於他，比如當父母不滿足他的要求時，他就會不講道理、不分場合地躺在地板上打滾和哭鬧，想要以此威脅父母，來達到自己的目的。長大成人後，他們渴望成為權威者，喜歡發號施令，忽視他人的意願，常用的句型是「就按我說的去做」、「聽我的安排」、「你應該……」，一旦他人不順從，他們就會瞬間暴怒或者指責、貶低他人，讓周圍的人感覺很有壓力。

當然，支配─統治型的人並非都是惡霸或暴怒者，有的人會把這些強大的能量轉向自己，並進行自我攻擊，比如違法、酗酒、吸毒或者自殺。他們攻擊的是一個無能的自己，認為透過這些方式，可以對無能的自己進行支配和統治，從而獲得一種優越體驗，比如自殺可以支配自己的生與死；再比如酗酒和吸毒，可以讓人達到一種幻想狀態，這可能是在現實中無法得到的一種美好體驗。但這些都是自我毀滅的行為，非常不可取。

為什麼有的人會採用這種方式來自我攻擊呢？主要原因是很多抱有支配—統治型生活風格的人，在成長過程中受到同類生活風格的人之影響。也就是說，如果父母是支配—統治型的人，那麼，孩子有很大的機率也會成為支配—統治型的人。在這樣的環境下成長時，有些支配—統治型的人的攻擊性是沒辦法向外釋放的，因為一旦向外釋放，養育者就會打壓他們，甚至進行極大的懲罰和恐嚇。這種情況有點類似「一山不容二虎」，為了能夠更好地生存，他們就會把無法釋放的攻擊性轉向自己。然而，一旦他們離開了養育者，就會以同樣的支配—統治方式去對待別人。

從精神分析的角度來講，支配—統治型風格的人內在有一種防禦機制，就是「認同攻擊者」，意思是當我們被攻擊的同時，就會感受到一種與攻擊者的連結，雖然被攻擊之後我們會覺得很痛苦，但也會認同攻擊者的行為，成為與攻擊者相同的人。比如學校裡的霸凌者，很多就是認同了自己的父母或其他成年人，讓自己成為像他們一樣的人。還有很多在社會上使用暴力的人，包括網路暴力，或許曾經是暴力的受害者。

索取型（getting type）

索取型生活風格的人比較依賴他人，遇到問題的第一個反應不是自己想辦法解決，而是等著他人來幫自己處理。自我照顧的能力非常弱，而且害怕分離，總是渴望能夠得到身邊人的幫助，同時獨立謀生的能力也比較弱。

這種風格的人更多是成長於被溺愛或者過度滿足的家庭環境中，他們從小被照顧得很好，父母也盡量滿足他們的一切要求，以至於他們不用努力，就能很容易地得到自己想要的東西，而這樣的經歷會給他們造成一種錯覺：我不用付出，一樣能得到回報。等他們走向社會後，有很大的機率還是會延用這樣的方式，去向別人索取，因為在他們看來，別人對自己好都是應該的。在索取的過程中，這類型的人挫折容忍力比較差，從而也導致他們比較敏感，對自己缺乏信心。

還有另外一種情況，有些人在成長的過程中比較缺愛，或者在被愛這件事上比較缺乏安全感，那麼長大之後，內心好像有填不滿的洞，因此他們的索取感也會特別明顯。當你不滿足他們的時候，他們會「一哭二鬧三上吊」，或者當他們主動展現自己的脆弱無助時，必須馬上得到你的回應，同時因為自己的內心沒有足夠的力量，所以在遇到困難和衝突的時候，往往會無意識地把別人當成解決問題的工具，希望借助別人去對抗自己內心害怕的衝突。

迴避型（avoiding type）

這類風格的人能量比較低，嚴重缺乏解決問題的信心，遇到問題只想逃避，缺乏面對困難的勇氣和魄力，但常常為此感到自責和懊惱。他們似乎更傾向於一個人的生活，不想去面對生活中可能發生的任何挑戰，即使是在親密關係中，他們也寧願委曲求全以避免衝突。比起進入真實的世界，他們更願意活在自己幻想的世界裡，因為在這裡，他們可以幻想自己是一個非常厲害的人，能夠遊刃有餘地處理各式各樣的問題，這比現實中的生活更能讓他們感受到自己的優越。但是，需要注意的一點是，長久的迴避會讓人缺乏生命力，甚至出現退行的行為。

所謂退行，簡單理解就是不負責任，對自我不負責，對社會和他人也不負責，並且極度依賴他人，事事都需要被照顧，彷彿退回到嬰兒的狀態。處於退行狀態的人，無法與他人建立合作關係，覺得自己沒有任何價值；同時，這類型的人社會功能是受損的，比如他們不會去賺錢養活自己，不擅於交朋友，對於婚戀更不感興趣，反而希望自己一個人待著。

社會利益型（social useful type）

這是阿德勒認為最健康的一種生活風格，有著親社會行為，也叫積極的社會行為，這是指人們表現出來的對社會和他人有益的行為，比如同情、關心、謙讓、互助和共用等。這類風格的人大多在互相尊重、彼此支持的家庭環境中成長，他們關心家人、朋友和社會，具有較高的社會興趣，能夠與他人建立良好的合作關係，並能積極面對且很好地解決生活中的問題，尊重他人，也尊重自己。他們具有為自我負責的能力，遇事不逃避、不抱怨，而是會尋求更好的解決之道，從而達到一種共贏的狀態，並且願意為他人的幸福，以及建立一個更好的社會而努力。

在阿德勒看來，一個心理健康的人不僅會為個人的優越而奮鬥，還會重視對建立美好社會的貢獻，在為社會服務的過程中獲得價值感和歸屬感。因此，在上述的四種生活風格中，阿德勒認為只有第四種生活風格（即社會利益型）才符合社會需求，是正確和健康的，前三種都是適應不良的生活風格，不利於發展更好的自己。

在這裡，我跟大家分享一個故事。我有一位來訪者，我們暫且稱她為「張女士」，張女士目前在一所大學裡擔任教授，她擁有博士學位和國外學習的經歷，是一位特別優秀的女性。但是，最近張女士工作不是很順心，原因是她和國內一位頂尖的實務型教師正在合作一個專案，但是這位教授對她非常嚴苛，經常批評她什麼都做不好，甚至會用一些威脅性方式來對待她，比如，如果不按照他的方式來做，那就不一起合作項目了。這種盛氣凌人的態度讓張女士覺得相當不舒服，但是她害怕一旦去對質，可能會發生更大的衝突，所以她選擇默默承受。

但這也讓她感到十分鬱悶，一度非常懷疑自己的能力，特別是當學生們誇讚她的授課能力時，她沒辦法坦然接受，甚至懷疑自己的授課內容是否真的對學生有用。而且在諮詢的過程中，對於我給她的一些正向回饋，她常會覺得是一種安慰和欺騙。

這樣的諮詢過程是非常辛苦的，因為來訪者並不信任自己的諮詢師。而且從這個過程中，我們大致能辨別出，張女士的生活風格為「迴避型」，而她的合作夥伴更傾向於「支配—統治型」。

那麼張女士的「迴避型」生活風格是怎麼形成的呢？原因很簡

單，張女士是在一個重男輕女的家庭中長大，她排行最小，前面有兩位姊姊，因為她不是父母期待已久的男孩，所以父母對待她的方式並不是特別溫暖。因此，當她不知該如何和情感冷漠的父母相處時，只能選擇透過不斷學習，來找到自己人生的存在感，這讓她在學業和職業上取得很大的成就。但是，幼年的經歷也導致她極度不自信，缺乏面對衝突的魄力，以至於在人際關係中常用的一種方式就是迴避。她會在自己的想像中，去跟合作夥伴對質和辯論，卻不敢面對面地表達自己的意見，最終使得自己在工作中內耗。

後來，經過多次諮詢之後，張女士逐漸理解自己，開始嘗試主動發展自己的人際關係，比如不再去迎合她的合作夥伴，而是拿出自己的態度，為事業尋找合作機會，而非被人支配或者支配他人，並且勇敢地表達自己的想法和感受，這反而讓她的合作夥伴感到很驚訝，從而給予她更多的尊重。這就是一個典型的合作狀態。

生活風格的形成與特性

前面我們認識了四種不同類型的生活風格，那麼，接下來我們來探討一下，個體的生活風格是在什麼時候形成的，以及具有哪些特性？

在這個問題上，阿德勒強調個體的生活風格於四歲至五歲時，就已經在家庭環境中形成，並且會長期影響個體日後的人格發展，也就是說，個體的生活風格一旦形成就不易改變。有句諺語叫「三歲看大，七歲看老」，意味著一個人的生活風格是具有連貫性的，並且相對穩定。那我們是否可以認為個體的生活風格會一直固定不變？並非如此，因為個體的人格發展非常複雜，可能會受到許多變數的影響，在一些特殊的情況下，個體的生活風格會隨著其生活經歷進行調整，比如經歷天災人禍，或者個體主動進行新的選擇。

有些孩子，原先父母在世的時候，他是一個需要被照顧的人，也不會考慮到別人的感受，很多事情都是父母代他處理。久而久之，孩子就會變成一個索取型的人，以自我為中心，一切為我所用。但是一次意外，讓他的父母忽然之間去世了，他可能就會發生極大的變化，比如一夜之間長大了，懂事了，學會自我照顧，並且能夠和他人進行合作。但也有一些人可能還是維持原先的生活風格。所以，有些人是會長大的，但有些人則是永遠長不大。

另一方面，生活風格也會因人格差異而有所區別。簡單來說，不同的個體有著不同的人格，因此也會有著不同的生活風格。這是生活風格中的獨特性。

從人格的層面來說，有些人的人格是不穩定的。如果人格不穩定，那生活風格肯定也是不穩定的。比如邊緣性人格，其特徵為情緒、人際關係、自我形象、行為等具有不穩定性，容易衝動、憤怒和憂鬱，表現出極端的變化無常，很少顧及他人的感受；在行為上經常有自傷或自虐的表現，有潛在的自我毀滅可能性，例如酗酒、吸毒、性放縱、藥物濫用等。很顯然，邊緣性人格具有矛盾性，其生活風格可能是支配—統治型和索取型同時存在。

對於個體的生活風格，除了需要了解它的穩定性、連貫性和獨特性之外，我們還需要以統一的眼光，去評估一個人的生活風格。

我們不能只看個體的單一表現，就武斷地認為對方是某一種生活風格，而是應該從個體的多種表現，去完整地了解他。比如我們所說的「對人說人話，對鬼說鬼話」，這只是個體在不同的關係中，有不同的溝通方式，並不代表個體身上有多種生活風格的混合。舉個例子，相對來說，我比較大膽，然而當遇到一些事情時，我也會害怕，比如我害怕待在類似地下室這種封閉空間裡，但不能因此就認為我不是一個勇敢的人。

有一位女性銷售經理和我討論五大性格特質的測驗結果，她告訴我，在五大性格特質測試中，她的開放性、外向性、親和性和神經質都是較為正常的得分，但是她的盡責性得分則較低。她的困惑在於，她覺得自己的責任感比較強，主管交代的工作她能按時完成，跟別人約會也從來不遲到，對家人都是盡心盡力，所以她不明白為什麼自己的盡責性反而得分最低。

我們所說的五大性格特質測試，是一種基於人格心理學的測量方法，也被稱為五因素人格模型。它包括五個維度：外向性、盡責性、開放性、親和性和神經質。透過回答一系列問題，個體的人格特徵將會被評估出來。

在這裡，我們就不展現出完整的五大性格特質測試，只簡單地介紹一下人格理論中的五個維度有哪些特質：

- 外向性（extraversion）：表現出熱情、愛社交、果斷、活躍、喜歡冒險、樂觀等特質。
- 盡責性（conscientiousness）：表現出勝任、公正、有條理、盡職、成就導向、自律、謹慎、克制等特點。
- 開放性（openness）：具有想像力豐富、審美品味高、情感豐富、求異、創造、智慧等特質。
- 親和性（agreeableness）：具有信任、利他、直率、依從、謙虛、移情等特質。

▪ 神經質（neuroticism）：難以平衡焦慮、敵對、壓抑、自我意識、衝動、脆弱等情緒的特質，即不具有保持情緒穩定的能力。[3]

為什麼這位銷售經理的盡責性維度得分最低呢？原因很簡單，可能在這個負責任的過程中，她承擔了太多原本不屬於自己該負責的事情，所以在她的內心中，盡責帶有委屈感和消耗感。一個過度負責的人，內在恰恰有不負責的強烈願望，就像一個每天被迫忙碌的人，他的內在一定有想要好好休息的渴望。因此，這位銷售經理看似很盡責，或者說她用盡責來獲得優越感，但實際上，她內心有一種渴望，即渴望他人能夠為我負責。當然，有些人的生活風格本身就是矛盾型的，就像有的人在外面是「老好人」，但回到家裡就是暴君，那麼，這種矛盾就是他的生活風格。

小P是我的一位來訪者，她來找我諮詢的原因是她已經第三次失戀了，她覺得自己的戀愛模式有一些問題。在小P的戀愛中，經常出現這樣一個場景：當男朋友在忙別的事情，沒有及時接到小P的電話時，她便開始胡思亂想：「他是不是不要我了，他是不是喜歡上別人了……」在沒有得到男友的回應前，小P會陷入特別恐慌的狀態中，她必須要男友在第一時間證明他是愛她的，沒有背叛她，不會離開她。而小P對男友的這種依賴，讓對方覺得很有壓力，產生一種不舒服的感覺，久而久之，也就選擇分手了。小P三段感情破裂的原因，基本上都是這樣。

---

3. 彭聃齡，《普通心理學》，北京：北京師範大學出版社，二〇一二年。

從這裡面我們可以看到，小P非常缺乏安全感，而她的生活風格也是比較矛盾的，既有支配－統治型，也有索取型。缺愛或沒有安全感的人，他們的內心會非常想去索愛，就像小P一樣，當男友沒有及時回應時，她會要求男友證明對自己的愛，似乎只有這樣，才能讓她覺得有安全感。另一方面，缺愛的人一旦遇到一個愛她的人，就會將她的權力運用到極致。也就是說，缺愛的人認為愛是一種權力，你愛我，那我就對你擁有某種權力，我可以要求你為我做任何事情，如果你不聽從或不滿足我，那麼就是不愛我了。

影響生活風格發展的因素

為什麼個體的生活風格會呈現出多種類型？阿德勒個體心理學指出了三種會影響個體生活風格發展的因素，即生理缺陷、父母的養育方式、出生順序。

首先，生理缺陷會使我們產生生理上的自卑感，而生活風格的發展和自卑感有密切的關係。若一個兒童有某種生理缺陷或主觀上的自卑感，那他的生活風格將傾向於針對這種缺陷和自卑感，進行補償或者過度補償。例如，身體瘦弱的兒童可能會有增強體質的強烈願望，因而去鍛練身體，那麼，這些願望和行為便成為他生活風格的一部分。

其次，父母的養育方式也會影響個體生活風格的形成。比如，當父母溺愛或者過度滿足孩子時，孩子可能就會形成索取型的生活風格，大部分時候以自我為中心，不在意他人的感受，遇到困難就發脾氣，不願意遵守規則，同時很容易引發人際關係衝突，常常覺得周遭沒有滿足自己要求的人都是壞人，以至於沒辦法和別人進行友好的合作。很多溺愛孩子的父母是支配—統治型的生活風格，因為在溺愛中一定有支配和控制，類似於「我在滿足你一切要求的同時，你要聽話」。

如果在家庭中，孩子經常被父母或主要撫養者忽視的話，那麼，被忽視的孩子往往自我價值感會很低，總是壓抑自己的需求和感受去討好別人，害怕成為他人的負擔和累贅，最後形成的是一種迴避型的生活風格，或是索取型的生活風格，經常以犧牲自己去滿足別人，或者不斷地透過各種方式去索取被愛的感覺。另一方面，被忽視的孩子很在意別人的評價，他可能會因為某個評價而改變自己，對自己缺少接納，特別害怕別人離開或不理會自己。

尤其是在獨生子女家庭中，孩子承受的壓力會更多。雖然集萬千寵愛在一身，但同時也要承擔很多，這種壓力如果沒有被看到的話，那麼，孩子就會變得很脆弱，沒有擔當，也沒有魄力，以至於最終形成迴避的狀態。

這種迴避，一方面是迴避一些困難，另一方面是迴避人際關係，無法與人建立長期信任的關係，同時產生一種極強的自憐感。而被忽視的孩子，其父母大多也是迴避型的生活風格，只在自己的世界裡，看不見其他人。除此之外，如果一個兒童把他的母親或父親當作強者來模仿，那他就會形成與母親或父親類似的生活風格，這是對父母的一種忠誠或者深度認同。

第三個方面，在家庭中以不同次序出生的孩子，他們的生活風格也是不同的。阿德勒是第一位強調「出生順序」對人格形成之作用的心理學家，他提出個體由於出生先後順序不同，在家庭中的地位也不同，從而形成不同的生活風格。中國有一句老話叫「老大憨，老二精，家裡有個壞老三」，便是對阿德勒的出生順序理論，做了一個非常好的總結。

在《阿德勒理論導讀》中，心理學家弗格森對阿德勒的「家庭星座」有更詳細的說明：

阿德勒認為，在許多家庭中，第一個出生的孩子都想努力對弟弟妹妹進行支配、控制並發號施令，他們會認為第二個孩子的出生是對自己地位的威脅（即「廢黜心態」）；而最小的孩子則會努力靠賣萌來找到一個位置，有時候會極具野心，想努力取代哥哥姊姊的成就；處於中間的孩子容易感到壓力很大，他們會形成一種世界觀，即人生是不公平的，但他們往往是最好的調解者。[4]

這與佛洛伊德認為只有母子關係和父子關係，對孩子的人格發展有重要影響的觀點不同，阿德勒承認，在任何一個家庭，個體因素及年齡段可能更具影響力，但是他仍然堅信，兄弟姊妹之間的人際關係，同樣會產生巨大的影響。

這在中國的家庭尤其如此。在我的個案研究中，我發現在家裡排行老大的孩子，往往會有一個特點，那就是他認為自己需要為原生家庭做出更多、更大的貢獻，為原生家庭負責的程度也會更高，並且要照顧弟弟妹妹。特別在我們很小的時候，父母經常要求我們，當老大的應該讓著弟弟妹妹，應該照顧他們，甚至有的時候會要求老大直接替代父母的功能。

我的母親就是這樣。因為我外婆身體不好，外公一直在外地很少回家，所以作為長女，我母親十四歲的時候，就帶著自己的弟弟妹妹一起生活，尤其是要照顧剛出生不久的妹妹，這其實就已經在履行一位母親的責任了，而這份童年經歷也深深地影響她的人生，以至於她在人際關係中更容易妥協、包容、照顧別人，如果受到一些不公平的對待，她也不會非常計較，只是內心會有很多委屈。遇到親戚來借錢，她會二話不說就借給別人，如果別人不還，她也不好意思去要，然後變成別人眼裡特別大方的人。但實際上，這種

4. 弗格森，《阿德勒理論導讀》，李陽譯，北京：生活·讀書·新知三聯書店，二〇一八年。

大方是犧牲自己的利益，去滿足或者照顧他人的需求。在這個過程中，她完全忽略了自己，似乎她的自我價值，只源於被他人需要。

我之前發表過一篇點閱率非常高的文章，叫〈缺席的父親＋焦慮的母親＝一〇〇%情緒失控的孩子〉，為什麼我取了這樣一個標題？因為在家庭中，父親的缺位會導致孩子變成一個小大人，去照顧自己的媽媽，代替爸爸成為媽媽的丈夫，所以孩子會極早地呈現出小大人的狀態，也就是我們所說的早熟。

但這同時會讓孩子有著相當大的衝突感。孩子填補了父親缺席的位置，也就意味著他的身上肩負了兩種身分，一是孩子本身，二是缺位的父親。而當他沒有能力很好地處理這兩種身分的時候，就會覺得自己特別糟糕，非常地無能為力。最終會使得他內心一直處在一種非常強大的衝突中，過度擔責正是他應對這種衝突的方式。長大之後，在關係中，每當對方有情緒，他就會特別焦慮，很想去做一些什麼來安撫對方，如果不這樣做的話，他就擔心對方是否會離開他，是否覺得他沒有用。很顯然，他這樣做乃是被恐懼驅使，同時內心對於對方有很多怨恨，但是他不會表達出來，因此形成了迴避型的生活風格。

當然，家庭氛圍也會影響個體生活風格的形成。在充滿爭吵和負面能量的家庭氛圍中成長的孩子，更容易發展成為焦慮、退縮的人格類型，表現出敵對和攻擊行為。

如果我們經常出現一種「適應不良」的行為，覺得似乎處處都有困難，很少發現美好，這時候我們就要看看，是不是自己的生活風格，與這個世界的規律產生了極大的衝突，以及我們應該如何選擇或發展「社會利益型」的生活風格。

總的來說，阿德勒強調家庭環境在人格發展中的重要性，但是他堅持發揮決定作用的，仍然是我們如何詮釋和看待這份人生經歷，即「創造性自我」，這是阿德勒的另一個概念，我們會在後面的章節進一步討論。

生活風格與養育關係

自卑感刺激人們有所行動，從而導致了一個目標的產生。個體心理學把導向此目標的持續一致的運動稱為生活風格，它是一個人人格的核心。

個體的生活風格於四歲至五歲時，就已經在家庭環境中形成，一旦形成就不易改變，具有連貫性和穩定性。

生理缺陷、養育方式、出生順序，會影響一個人生活風格的發展。比如，很多溺愛孩子的父母是支配｜統治型的生活風格，因為在溺愛中一定有支配和控制，類似於「我在滿足你一切要求的同時，你要聽話」。這樣的孩子容易形成索取型的生活風格，或者把父母當作強者來模仿，形成支配—統治型的生活風格。

缺席的父親和焦慮的母親，則容易讓孩子形成迴避型的生活風格。孩子填補了父親缺席的位置，同時肩負著父親、孩子兩種角色，這讓他內心有強烈的衝突感，表現在行為上，就是像小大人一樣過分擔責，但這種對大人的照顧是受到害怕被遺棄的恐懼所驅使，內心對父母有很多怨恨，只是不會表達出來，因此形成了迴避型的生活風格。

如何看待你的生活風格

從目標的導向來看，我認為生活風格可以分成兩類，有些人的生活風格是為生活目標服務，但有些人的生活風格更多是一種生存策略。前者是由成就體驗驅動，比如想要成為一個什麼樣的人；而後者更多是被恐懼驅動，目的是為了生存，特別是對於童年創傷比較嚴重的人來說，生存就是他們一個很重要的生活目標。

從美國社會心理學家亞伯拉罕・馬斯洛（Abraham Maslow，一九〇八至一九七〇年）的需求層次理論來說，人類最底層的需求是生理需求，比如獲得食物和空氣；第二層級的需求是安全需求，比如擁有安全和穩定的環境；第三層級的需求是對歸屬感和愛的需要，比如我們會社交和追求愛情；第四層級的需求就是尊重的需要，自我尊重和他人尊重；最後，最高的第五層級需求是自我實現的需要，人類追求實現自己的潛能，並使之完善。但是，因為每個人所追求的需要都是不一樣的，所以，每個人的生活風格及人生狀態也會不同。

我們經常聽到一句話，叫「求生存，謀發展」。只有解決了生存問題，我們才能有一個好的發展。比如，有些人必須要讓自己處在非常弱的位置，他才能生存。

我在第一章曾提過一個來訪者，他十幾年如一日地在調理自己的關節，經常去醫院找各式各樣的醫生，但是他並沒有特別嚴重的器質性精神疾病，在與我的諮詢中，他每次過來的第一句話就是，他又去看了某個醫生，因為他哪裡不舒服。我在那一章介紹目的論時提過精神動力學的一個詞，叫「疾病獲益」。意思是，只有在生病的時候，我們才能夠得到更多的關注，或者說只有在生病的時候，我們才可以拒絕一些人對自己的要求。

什麼樣的人會用這種方式，來達到目的或者得到好處呢？很顯然，當一個人在自己的生存環境中經常被忽視，那麼他可能就會用疾病的方式來吸引關注。特別是如果在某次生病的時候，他得到了一些好處，這種被驗證的經驗就會變成一個持續的狀態。這樣的人，他在生活或者工作中必須非常盡責，以此來獲得自己在生存環境中的存在位置，比如他要不斷地為家庭做出貢獻，不斷地履行家裡長輩的責任或者承擔家庭開支，又或者在職場上總是犧牲自己的利益和時間去幫助他人。這樣的生活風格，雖然表面上看起來是社會利益型，但本質上是迴避型，即不敢面對問題，沒有力量去應對自己生命中的課題，只能透過生病來逃避責任或者迴避人際衝突。

疾病獲益也分初級獲益和次級獲益。初級獲益是指我們的某些病狀，是為了解決自身心理衝突和矛盾而出現的。比如，有一些事情我不願意去面對，如果面對的話，我的壓力就會很大，而且會感覺到自己的無能，得不到任何的優越感，這時候，生病就為我們提供了一個應對方案。而次級獲益就是生病後，我們可以從外界獲得同情、關心、安慰和照顧，原先別人只會對你不斷地提要求，但是當你生病時，他們就會關心你、關注你，哪怕這個時候你什麼都不做，也不會受到他人的指責，同時還能維持自己價值提供者或貢獻者的角色。

當然，疾病獲益是無意識的行為，並不是說我們有意讓自己生病。我曾經問過我的來訪者這樣一個問題，我說：「你身體好的時候做這些事情，和身體不好的時候做這些事情，哪一個更能讓你感動？」他說：「當然是我帶病堅持做事情更感動。」

從這裡我們可以看到，這是他在家庭生活中的一個生存策略，他能夠從中得到一種優越感，最起碼在道德層面上是有優越感，認為自己非常盡責、自我犧牲且不斷為他人付出。如果他帶病去做出一些付出型的行為，就是「我生病了還在付出」，那麼，這種優越感就更強了，像是一個悲壯的英雄。

所以，當他想要停下來休息時，就會擔心自己變成一個不負責任的人，優越感就喪失了，這對他來說是一件非常可怕的事情。或者，如果他停下來，就認為自己有可能會被懲罰、被羞辱、被忽視、被否定，甚至被拋棄。至於他的生活目標，想要成為一個什麼樣的人，他並不清楚。

這樣的人往往無法享受。因為對他來說，享受是特別恐懼的、是羞恥的，以及會被人責罵的，所以當他看到別人沒有像他一樣付出時，就會不自覺地憤怒。比如一位常年操勞家務的妻子，看到自己的孩子或丈夫躺在沙發上看電視，什麼都不做的時候，她可能會特別憤怒，甚至會有很多指責性的語言。

總而言之，如果從人類趨利避害的本能來說，生活風格大體上只有兩類，一類是趨利，另一類避害。社會利益型的人一定是趨利的，覺得這個世界很美好，很想和這個世界產生連結；而支配—統治型、索取型、迴避型及矛盾型生活風格的人，一定是避害的，其底層人格是悲觀主義的，很難與他人達成一種合作的狀態。

第五章——社會興趣

一個極具社會興趣的人，
在克服自卑和追求個人卓越的同時，
也在成就世界，
努力讓這個世界和社會變得更加美好。

社會興趣是人類的本性

在前面幾章中，我們簡單提及了阿德勒的「社會興趣」概念，在本章，我們將具體展開討論。有些人認為，在阿德勒的早期心理學理論中，基本上他把人看成是自私自利、只顧追求個人優越的個體。對此，阿德勒不斷完善他的人格理論，提出了「社會興趣」這一概念。阿德勒的個體心理學對人本主義和存在主義等流派，產生了很多積極的影響。在人本主義心理學提出者亞伯拉罕·馬斯洛的「需求層次理論」中，最高層次的需求是自我實現的需要，實際上，這就是阿德勒所說的「社會興趣」。

一個極具社會興趣的人，在克服自卑和追求個人卓越的同時，也在成就世界，努力讓這個世界和社會變得更加美好。阿德勒認為，社會興趣是人類本性的一部分，因為人是社會性動物，人在其生命過程中需要完成學業、職業、交友、結婚、養育子女等社會任務。要完成這些任務，人們之間必須相互協作。所以，他認為在人的本性中，天生就具有社會興趣的潛能，它包括團結協作的精神、助人為樂的品質、服務社會的意識、和諧相處的願望等。

每個人都具有社會興趣的傾向，但有些人社會興趣比較高，而有些人社會興趣則比較低。比如我們常說的「精緻的利己主義者」，便是缺乏社會興趣的一類人。他們所做的一切都是為了追求自己的優越，或者為了克服自己的自卑，而對於社會如何發展，他們並不關心。這類型的人，哪怕是與他人合作去建設這個社會，也更多是為了體現自己的優越感。

再比如，有些孩子在大學之前是一個很優秀的學霸，但是上了大學以後，反而出現社會適應不良的情況，沒辦法發展自己的社交圈，或者對社交毫無興趣，對群體的事情也不關心、不參與，同時對網路成癮。很顯然，這也是一種缺乏社會興趣的表現。而當我們缺乏社會興趣，就意味著我們沒有意願和團隊合作，也沒有助人為樂的品質。

在第四章中，我們把個體追求優越的方式，劃分為四種不同類型的生活風格，即支配－統治型、索取型、迴避型、社會利益型。支配－統治型的人傾向於支配和控制他人，希望所有人都能屈服於他，不在乎他人的感受，比如我們前面說的利己主義者，可見這類人的社會興趣傾向是不高的；而索取型的人，他們習慣於依賴他人，總有一種想要不勞而獲的願望，無法很好地與他人合作完成一件事情，因此他們也缺乏社會興趣；迴避型的人，不善於與人交往，遇到問題總是習慣性逃避，只想活在自己想像的世界裡，這類人的社會興趣也處在一個較低的水準；只有社會利益型的人具有比較高的社會興趣，他們自主解決問題的能力非常強，能夠很好地與他人進行合作，願意為建設社會的美好而努力，比如遵紀守法，願意去參與社會的志願者活動。

因此，生活風格不同的人，他們的社會興趣程度是不一樣的。如果從個體所具有的社會興趣程度來看，只有社會利益型的人，才具有相對高且較健康的社會興趣，也更有可能實現充實而有意義的生活。

什麼樣的人會缺乏社會興趣

阿德勒強調社會興趣根植於每個人的潛能中，是在社會情境中發展起來的，特別是早期的母嬰關係，會在很大程度上影響兒童能否形成成熟的社會興趣。

阿德勒在《自卑與超越》一書中說：「兒童所面臨的第一個社

會情境是他與母親的關係，這從第一天就開始了。兒童最初是透過母親和外在世界發生連接的。如果母親和孩子之間的合作關係建立不好，那麼孩子其他一切的生活都將無法正常開展。」

因此，社會興趣的發展，首先源於我們嬰兒時期與母親建立的關係。可以這樣說，母親對待嬰兒的方式，影響了嬰兒成年後對待這個世界的方式。嬰兒出生後接觸的第一個社會人是母親，如果母親採取的是一種積極、合作的態度，那麼孩子就容易形成較高水準的社會興趣。相反地，如果母親把孩子緊緊地束縛在自己身邊，那麼孩子就容易將他人排斥在自己的生活之外，形成較低水準的社會興趣。

很多時候我們會發現，被溺愛的孩子只和自己的母親或者重要養育者建立單一的連接，而當他想要發展外面的世界時，母親或養育者可能因為自己內心覺得外面是危險的，於是，就牢牢地把孩子控制在自己身邊，孩子經常會有以下體驗：

孩子：「媽媽，我想出去玩沙子。」

媽媽：「寶貝，我們不出去，外面的沙子很髒，有很多細菌，會讓你生病的。」

孩子：「媽媽，我想跟朋友去踢球。」

媽媽：「那不行，太危險了，會傷到你的，但是你可以去彈鋼琴。」

孩子：「媽媽，下課後，我想跟同學去逛街。」

媽媽：「乖，下課後回家，媽媽做了你最愛吃的糖醋排骨。」

從精神動力學的角度來看，這樣的親子互動模式，不利於孩子順利完成分離個體化，同時孩子的社會化能力也會比較低，無法很好地發展自我。美國作家沃勒斯・華萊士在《父母手記：教育好孩子的一〇一種方法》（*A Collection of Parenting Wisdom*）這本書裡，曾經提過一個例子：

有位媽媽因為被孩子傷透了心，所以不得不向心理專家尋求幫助。專家問她：「孩子第一次綁鞋帶綁了個死結，從此以後，你是不是再也不給他買有鞋帶的鞋子了？」

那位媽媽點了點頭。

專家又問：「孩子第一次洗碗的時候，打碎了一隻碗，你是不是從此不再讓他走近洗碗槽了？」

那位媽媽又點了點頭。

專家再問：「孩子第一次整理床鋪用了兩個小時，你嫌他笨手笨腳了，對吧？」

那位媽媽再次點了點頭。

專家說：「孩子大學畢業後去找工作，你是不是又動用了自己的關係和權力，幫他謀得了一個令人羨慕的職位？」

那位媽媽震驚地站了起來，她很好奇專家是怎麼知道的。

專家說：「從那根鞋帶，我就知道了。你所困惑的問題的解決方法就是，當孩子生病的時候，你最好帶他去醫院；當孩子結婚的時候，你最好給他準備婚房；當孩子沒錢的時候，你最好給他送錢。這是你今後最好的選擇，別的我也無能為力」。[5]

---

5. 華萊士，《父母手記：教育好孩子的一〇一種方法》，楚湘玥譯，北京：中國工人出版社，二〇〇四年。

很明顯，這是一位十分寵溺孩子的媽媽。她事事都替孩子包辦，小到替孩子繫鞋帶、穿衣餵飯，大到替孩子選工作，甚至替孩子選對象，根本不需要孩子付出任何的努力。可能媽媽覺得這是愛、是保護，但是對於孩子來說，他所有的成長體驗都被媽媽剝奪了，所有的社會興趣都被媽媽替代了，他無法看見除了媽媽以外的世界，他有很多的無奈和憤怒。

因此，這樣的溺愛是一種淹沒，而當一個人體驗到一種被淹沒的感覺時，就會本能地掙扎。孩子會時刻有一種想要掙脫媽媽的渴望，想要去看看外面的世界，而孩子所採取的掙脫方式往往是暴力的，暴力地扯斷，暴力地推開，暴力地不合作，比如大哭大鬧，一點小事就生氣，或者嚴重拖延，諸如此類。被淹沒，也就意味著沒有自由和自主，所以當孩子沒有被媽媽看見時，他只能透過這些方式去反抗。當然，這個反抗的過程必定會讓媽媽覺得自己被孩子背叛了，因此傷透了心。

事實上，溺愛並不是真正的愛。溺愛型的父母無法看到一個孩子在成長過程中的正常需要，更多時候是以自己腦海裡的想像去滿足孩子。另一方面，有些被溺愛的孩子容易出現犯罪行為，因為他們長期被父母的餵養行為滋養，以至於他們非常渴望打破規則，但是一旦受挫，又會讓他們感覺到很沮喪，甚至怪罪周遭的一切為什麼不圍繞著自己轉。這樣的孩子，他的生活風格更多是索取型的，對社會的興趣也不高。

之前網路上有一則新聞，說的是一名三十多歲的印度男子，長期不去工作，總是賴在家裡。每天就是吃飽了睡，睡醒了吃，最多玩玩遊戲，從不會做家務，只會躺在床上等著母親照顧他。後來的某天，母親實在受不了，選擇離家出走，希望能讓兒子獨立。但一個月後，她卻發現自己的兒子餓死了。

因為長期被照顧，男子已經習慣母親的付出，習慣自己什麼都不做，就可以得到一切生活所需，可是，沒想到當他失去母親的照料後，連讓自己活著都成為了難題。

除了被溺愛的孩子之外，被忽視的孩子，他們的社會興趣水準也是比較低的。這類孩子可能是在幼年時受到嚴重的忽視，而當一個人被忽視甚至被忽略以後，內在會有一種強烈的需求，即與重要的人建立非常深刻的連結，在這個過程中，他就會去迎合或者討好重要的養育者，以此來得到養育者的肯定和接納。如果一個人生活中的絕大部分內容，是為了與某個重要的養育者建立這樣的連結，那麼，他對外部的世界就不會太感興趣了。

這種狀態延伸到成年後，可能會有一些表現，比如特別害怕與主管談話，不敢拒絕同事的請求，總是擔心伴侶是否在意自己，諸如此類。當然，被忽略的孩子往往內心充滿恐懼，也會有一種強烈的自卑感，所以他很難去與他人合作，以至於無法在一個群體中獲得歸屬感。

因此，溺愛和忽視是影響孩子社會興趣發展的兩個重要原因。而在對孩子溺愛和忽視的家庭中，往往會有一個過度自戀的養育者。所謂過度自戀，就是只滿足自己追求的優越感，比如道德的優越感或責任的優越感，又或者透過孩子來獲得作為父母的優越感。

有些父母對自己的孩子期待非常高，可能是因為他們內心並沒有看到一個真實的孩子，而是希望自己的孩子能夠成為他們理想中的孩子。一旦有了這種願望，不管是有意或無意，我們都可以稱之為過度自戀的父母。

自戀型的父母往往缺乏社會興趣。他們更多在追求自己內在的優越，至於這個孩子真實的樣子，他們是看不見的。在這樣的父母影響下，孩子更多是被控制了，無法發展家庭以外的社會興趣。

在華人的家庭教育中，我們經常遇到一種情況。當三、四歲的孩子和媽媽一起出去，因為媽媽想要表現自己的家教非常好，所以要求孩子和所有人打招呼，但是孩子不熟悉對方，於是並沒有強烈的願望，想和對方產生連結，這個時候可能媽媽還在催促孩子打招呼，甚至指責孩子不懂禮貌。孩子被迫和對方建立連結，但實際上這不是他的主觀意願，而且在這個過程中，他並不享受，沒有一種愉悅的體驗。如果長期這樣發展，孩子會認為和別人建立連結是一件不舒服的事情，那麼，為了避免這種不舒服感，他就會選擇迴避社交，於是，久而久之，他的社會興趣就會被剝奪或者弱化。

造成社會興趣偏低的第三種原因，是出生時存在一些生理的缺陷，比如身體羸弱、身材矮小、患有口吃等，那麼在這種情況下，我們可能需要花更多的時間和努力去適應這個社會，於是發展社會興趣的時間就會變得很有限，甚至有的人不再去發展自己的社會興趣，似乎對工作和人際交往都抱有一種敷衍了事的態度，以至於有時候會指責和抱怨他人，認為他人應該為自己現在的狀況負責，因此形成的生活風格多為索取型或迴避型。

最後，因為在家庭中出生順序的不同，所以我們的生活目標往往也是不同的，而生活目標會影響社會興趣的發展方向。比如有些人把自己的生活目標，調整為如何得到別人的認同和肯定，特別是在重男輕女的家庭中，有性別自卑的女孩會投入更多的時間和精力在原生家庭裡，從而讓父母承認她們的存在，以此來獲得自己的價值感，相應地，她們的社會興趣水準就會比較低。同時，對於原生家庭的這種深度認同，有很大的機率會延續到她們的婚戀關係中，從而產生巨大的影響。

因此，我們可以得出結論，影響社會興趣發展的原因有家庭中的養育方式，比如溺愛或忽視，同時生理缺陷及出生順序的不同，也會對社會興趣的發展產生影響。如果我們不了解這些原因，也沒有主動去發展自己的社會興趣，那麼，這種缺乏社會興趣的狀態會讓我們無法在社會上好好地生存，同時也會影響到我們人生的三大功課，也就是職業、交友和婚戀。

缺乏社會興趣的三種原因

溺愛或忽視，是影響孩子社會興趣發展的重要原因。被溺愛的孩子只與重要養育者建立單一的連結，孩子很容易將他人排斥在自己的生活之外，形成較低水準的社會興趣。而當一個人在幼年時受到嚴重的忽視，甚至被忽略以後，內在會有一種強烈的需求，即與重要的人建立非常深刻的連結。如果一個人生活中的絕大部分內容都是為了建立這樣的連結，那麼他對外部的世界就不會太感興趣。

身體羸弱、身材矮小、患有口吃等生理缺陷，是造成社會興趣不高的原因之二，因為在這種情況下，我們可能需要花更多的時間和努力去適應這個社會，於是我們發展社會興趣的時間和精力就會變得很有限。

不同的出生順序，也會影響我們的社會興趣朝不同的方向發展。比如，有些人把自己的生活目標，調整為如何得到別人的認同和肯定，特別是在重男輕女的家庭中，有性別自卑的女孩會投入更多的時間和精力在原生家庭裡，從而讓父母承認她們的存在價值，相應地，她們的社會興趣水準就會比較低。

人生三大問題

阿德勒認為，每個人在生活中必然會遇到三大問題，即職業選擇、社會關係和愛情婚姻。這三類問題貫穿人的一生，但每個人處理這些問題的方式都是不一樣的，如果個體能順利完滿地解決，則反映了個體具有豐富的社會興趣，反之則是缺乏社會興趣。

舉個例子，小A有自己熱愛的工作，充滿創造性，在社會關係中與人相處良好，而且擁有一段舒服有趣的親密關係，那麼，我們可以說小A具有豐富的社會興趣。相反地，小B的婚姻生活經常吵吵鬧鬧，很不美滿，也沒有什麼可以談心的朋友，經常獨自待著，而且對自己的工作總是不滿意，時常敷衍應付，甚至有酗酒的行為，因此我們可以認為，小B缺乏一定的社會興趣和人生意義。

有些人在職業選擇上，經常遇到很多挫折，如果從社會興趣來看的話，也許是因為本身就缺乏社會興趣，根本沒有想去工作的願望，比如啃老族，或是生活風格一直處在索取或迴避狀態的人。

隨著個體的成長，愛情與婚姻也是一個需要面臨的問題。然而，現在的結婚率愈來愈低了，很多年輕人寧願獨自生活，也不想和另一個人進入一段長期的親密關係，其中的原因有很多，但深究到底我們會發現，這是一種社會興趣的缺乏。曾經有人問我：「胡老師，我發現喜歡我的人，我不喜歡，我喜歡的人，自己又不敢去表白，所以一直處於單身的狀態，這到底是怎麼了？」我說：「你可能不太願意去建立親密關係，因為建立親密關係會讓你產生特別焦慮的感覺。而一個人的時候，你可以不用和這個世界的任何人建立關係，這對你來說，可能感覺更安全。」

在三個問題當中，社會關係問題是出現最早的。社會關係的實質是建立合作型的人際關係。在阿德勒看來，人際關係的發展需要建立在社會興趣的基礎之上。社會興趣作為一種情感，包含對他人的理解和認同。兒童可以在家庭和學校裡發展社會興趣。父母的養育方式、母親對兒童的興趣，以及兒童對自身環境的判斷，都有助於發展社會興趣。

根據二〇二〇年心理健康藍皮書《中國國民心理健康發展報告（二〇一九─二〇二〇）》顯示，現在中國有二四．六%的青少年患有憂鬱症或者具有憂鬱傾向。憂鬱有一個非常重要的表現，就是對任何事物都不感興趣，容易自我攻擊，沒有任何的社會化活動，並且缺乏生命的活力。所謂活力，就是我們內在的驅力，有成就自己或者滿足自己的動機，這種驅力能夠很好地促進和發展我們的社會興趣。

當一個來訪者來到我的諮詢室時，我一般都會問他兩個問題。第一個問題是：「你的朋友多不多？」之所以問這個問題，是因為我想看看他的社會興趣程度。第二個問題，我會問他：「你覺得你的朋友是怎麼看你的？或者當你遇到困難的時候，你是否會尋求幫助？」對於很多缺乏社會興趣的人，他們會出現一些反社會的行為，比如會把外在的一切都看成是傷害自己的敵人，在人際關係中也時常不信任對方，甚至出現一些成癮性的行為，表現為我要即刻滿足，比如酒精成癮、藥物成癮、網路成癮等。

阿德勒在《自卑與超越》一書中提到：

精神官能症病患、罪犯、酗酒者、問題少年、自殺者、墮落者、娼妓等失敗者之所以失敗，是因為他們在對待職業、交際和兩性問題時，從不尋求他人的幫助，對社會缺乏興趣和從屬感。他們賦予生命以個人意義。在他們看來，任何人都無法從其他人身上獲益，所以靠人不如靠己。他們從自己認為的成功或成就中，體會到的是一種自欺欺人的個人優越感。這種自我優越感，對他人毫無價值。

因此，要一個意志低迷的人恢復有意義的生活，關鍵在於發展他的社會興趣。

如何發展社會興趣

那麼，如何發展個體的社會興趣？阿德勒在他的個體心理學中提出了三點建議：

第一點建議是合作與幫助。阿德勒在《自卑與超越》中提到，「人生的真諦，在於奉獻與合作」。意思是，當我們遇到無法解決的問題時，要主動向外尋求幫助，相信外面的人是願意幫助自己的；同樣地，當看到別人遇到困難時，我們也願意奉獻自己的力量，以合作的方式一起解決困難，最終達到雙方共贏的狀態。

比如，完成學業便需要和很多人進行合作。首先，你要對你的老師和同學感興趣，當你學習遇到困難的時候，你需要得到老師或者同學的幫助。在這個過程中，如果我們自己沒有想幫助他人的意願，那麼，自然而然就會把他人投射為不願意提供幫助的人，於是，就沒辦法和對方一起合作，共同解決學業上的問題。

跟大家分享一個我孩子的故事。我大兒子在上學的時候，有一段時間因為自信心比較弱，不敢向老師請教問題，理由是他覺得自己學習成績不好，認為老師都喜歡成績好的學生，不喜歡成績差的學生。所以，他就不敢向老師求助，而且當同學向他請教問題時，他也會直接拒絕。

我想要幫助他轉換一下思考的方式，我向我兒子提出了一個問題：「如果你是老師，而一個學習成績不太好的學生在你的幫助下，變得優秀了，你會不會覺得很有成就感？」我兒子思考了一秒鐘：「對，我會覺得很有成就感。」

我繼續引導他：「如果你想成為像你的偶像數學家高斯一樣優秀的人，是需要老師的幫助的。老師是幫助你變得更加優秀的那個人，而你成為自己想要的樣子，就是老師一個很重要的成就。所以你不懂的、好奇的，儘管去問老師，老師教會了你，他自己也會很高興。」過了一會，我兒子跟我說：「老爸，我知道了，我以後要多多跟老師交流。」

很顯然，我兒子一開始內在並沒有成就老師的願望，所以他自然而然就會把老師投射成不願意幫助他的人。事實上，幫助是一個相互成全的過程，解決自己問題的同時，也成全對方是一個有能力且願意合作的人。

但在一些家庭中，父母似乎更多關注孩子的學業，忽略了孩子的課外活動。而我恰恰認為，課外活動對於孩子的成長是非常重要的。因為任何運動都需要合作，比如踢足球或者打籃球，都需要孩子和團隊成員有很好的合作狀態，並且孩子能夠在運動中獲得很多樂趣，包括友誼、團隊合作精神、規則下的競爭感等，這些都可以帶給孩子滿滿的成就體驗。因為有了這種成就體驗，孩子才更願意與社會產生連結，這是培養社會興趣的最佳方式之一。

第二點建議是給予。在與他人交往的時候，始終秉持著「多奉獻少索取」的態度和心理傾向。願意給予，是對社會感興趣的一種表現。

我聽過一個故事。某天一位員警走進一家理髮店，跟理髮師說要收掉他的店，因為他沒有交房租。這個時候，一位西裝革履的富豪從門外走進來，告訴理髮師不用搬走，並把這個店送給他。原因是這位富豪在二十年前窮困潦倒，想去面試卻沒有足夠的錢剪頭髮，當時這位理髮師給予他幫助，免費為他剪了頭髮，還無償贈予他一套自己的西裝，幫助他完成面試，當時理髮師寫給富豪一張紙條，上面說：「請把善意傳遞給下一個人。」在二十年後的一天，富豪把這份善意回饋給理髮師。

我們經常聽到一句話：「贈人玫瑰，手留餘香。」當一個人有給予的能力，並且願意給予他人幫助時，那麼，這份善意總有一天會以某種方式回饋於他。

第三點建議是培養同理心，即具有富於理解他人思想情感和體驗的能力，能夠設身處地地站在對方的立場考慮，試圖讓自己與他人同頻，產生情感的共鳴，降低溝通的成本，而不是固守自己的頻率自說自話。

為什麼自戀的父母很有可能會扼殺或者阻止孩子社會興趣的發展？原因很簡單，因為他們缺乏一種同理或同情他人的能力。我們經常聽到的一句話「有一種冷，叫媽媽覺得你冷」。那是一種很典型的自戀表現，不是對孩子有同理心，而是在展現自己是一位負責任、愛孩子的好媽媽。甚至有的媽媽會直接指責孩子：「要風度不要溫度，為你犧牲時間，好心提醒你穿衛生褲，你居然不聽，真是一個不聽話的孩子。」或者有的媽媽會用生氣或悲傷的方式，引發孩子的愧疚感，讓孩子覺得是自己傷害了她，為了避免體驗這種愧疚的感覺，於是孩子勉強地穿上了衛生褲。表面上看，這是媽媽要孩子穿衛生褲，孩子不想穿的問題，實際上在這個過程中，傳遞更多的是情感上的連結。但是這種連結是沒有邊界、沒有理解的，彼此不在同一個頻率裡，各說各話，雙方都不舒服，也不有趣，於是在這種情況下，孩子很有可能會選擇迴避媽媽。

我曾經有一位來訪者，他和他媽媽的相處模式就是這樣。無論他說什麼，他媽媽似乎都沒有聽見，並不是她的耳朵有什麼問題，而是她總是按照自己的節奏在走，哪怕為兒子準備吃的東西，這位媽媽也不關心他愛不愛吃，有沒有吃飽，只是關注自己準備的東西，孩子一定得把它吃完，如果孩子不吃完，那就是不孝。

根據以上三點，我們可以判斷出一個人社會興趣的程度，也可以透過在這三方面的慢慢積累，從中獲取良好的體驗，以提升自己在人群中的價值感。

有這樣一句古話：「見自己，見天地，見眾生。」所謂見自己，就是我們對自己有一個清晰的了解，知道自己的生活風格是什麼類型，自己對社會的興趣在哪裡。見天地，就是我們知道這個世界萬事萬物的規律，然後與這個世界和平共處。而見眾生，就是我願意為了這個世界更美好而努力，類似於我們常說的「使命」。

當然，有一部分人可能本身就缺乏社會興趣，但這並不代表他們無法成為一個偉大的人。比如賈伯斯，他是一個非常優秀的人，是科技發展的推行者和創造者，但從本質上來講，賈伯斯是一個缺乏社會興趣的人，他追求的更多是讓自己變得卓越而偉大，只不過他自我追求所帶來的成就，對全球通訊、娛樂和生活方式的改變，產生了深遠的正向影響。這種自我追求秉持一種善念，因而他對優越的追求也有利於社會的發展。

第六章——創造性自我

人是有自主性的，
能按照自己憧憬或虛構的目標，
有選擇地看待生活中的這些經驗，
而這種選擇性便是與生俱來的創造性。

「我命由我不由天」

二〇一九年，有一部非常優秀的中國動畫片是《哪吒之魔童降世》，講的是主角哪吒為魔童轉世，被人們認為是妖怪而厭惡他，但在陳塘關百姓面臨危難時，他卻挺身而出，在師父和朋友的幫助下最終超越自我，打破魔丸的羈絆，主宰了自己新一輪的命運。

在電影中，哪吒有一句經典的臺詞，即「我命由我不由天，是魔是仙，我自己說了才算」，這種逆天改命的氣勢，呈現出一種「我的命運，我主宰」的強大自我意志。

雖然在電影中，哪吒最初的人生定位是別人給的，但是他後來的人生走向都是自己選擇的，他把握了自己的命運，而對於這個過程中所產生的強大力量，我們稱之為「創造性自我」。

創造性自我，是阿德勒晚期提出的一個心理學概念。我們都知道，一個藝術家晚期的作品通常是非常成熟的，所以我大膽地猜測，阿德勒在晚期提出「創造性自我」的概念，一定是透過他一生中許多經歷而總結提煉出來的。當我第一次看到「創造性自我」這個概念時，就感受到一種特別強大的力量感，似乎我可以改變一些東西。

在心理動力論中，本我、自我與超我是精神分析學家佛洛伊德所提出的人格結構的三個層次。「本我」是潛意識型態下的思想，代表著人類最原始的欲望，比如飢餓、生氣、性欲等，受意識遏抑；「自我」這個概念是許多心理學學派所建構的關鍵概念，雖然各派的用法不盡相同，但大致上都是指人有意識的部分，它遵循現實原則，以合理的方式來滿足「本我」的要求；「超我」以道德心的形式運作，維持個體的道德感，迴避禁忌。[6]

阿德勒的「創造性自我」主張，人在塑造自己人格和命運的過程中，蘊含著一種有意識的主動力量，人可以把握自己的命運，而非被動地讓命運決定。「士別三日，當刮目相看」、「我命由我不由天」，這些都是創造性自我發出的聲音。

在我的諮詢工作中，經常會聽到來訪者和我抱怨他們的父母，認為自己生病是父母造成的，自己工作不順利是父母的錯，甚至有的人寧願自己從未出生。對於一些內在自我比較脆弱的人來說，他們往往會呈現出一種認命的生活態度。

實際上，原生家庭確實是我們生命中的第一份經歷。也因為是第一份，這些經歷在我們身上留下的印記會更深，影響更大。但原生家庭對我們的影響並非無法改變，如果你現在還深受其影響，可

6. 台啟權、陶金花，《大學生心理健康教程》，南京：南京大學出版社，二〇一二年。

能是因為你沒有辦法做出選擇。雖然你認為原生家庭並沒有提供你什麼東西，但是內心深處卻一直對它是忠誠的。

忠誠的含義有兩個。第一，孩子對原生家庭的忠誠，比如對自己的父母忠誠，活成父母的樣子；第二，認同父母對待自己的方式，習得父母的生活方式，並用同樣的方式對待自己的孩子。舉一個簡單的例子，小C的父親對小C非常嚴厲，一旦小C稍有反抗，父親就會對小C進行棍棒教育。從此小C發誓，以後絕不會用同樣的方式對待自己的孩子，但是小C成為父親後，當孩子調皮不聽話時，他又莫名其妙地以暴力的方式，去對待自己的孩子。究其原因，更多是忠誠於原生家庭中父母對待自己的方式。

事實上，如果你足夠強大，不選擇沉浸在原生家庭對你的影響中，而是選擇重新發展自己，與過往的經歷很好地切割開來，那麼你終將成為自己生活的主人。但是很多時候，我們無法切斷原生家庭對我們的這份影響，因為如果切斷了這個臍帶，我們就會陷入到無盡的孤獨虛空中，而這種虛空有可能會淹沒我們。

我認識一位女性朋友，她大概三十多歲了，在家裡排行老大，還有三個弟弟妹妹，所以在她小的時候，父母基本上沒怎麼照顧她，反而她還要幫助父母照顧弟弟妹妹，這時候父母就會誇她是好大姊。成年以後，為了賺錢供弟弟妹妹上學，她甚至捨不得為自己買新衣服，當弟弟妹妹向她求助時，即使她工作已經很累了，也一樣會竭盡全力去幫助他們。如果弟弟妹妹有些事情沒有向她彙報，她就會覺得很失落、很憤怒，因為在那一刻，她的價值感被剝奪了，不再是「好大姊」。

這樣的她生活得很累卻又無法擺脫父母對她的界定，其實如果她能稍微在乎一下自己的感受，主動有意識地為自己做一些改變，不再扮演「好人」，那麼她的生命應該就會很輕鬆。然而，她似乎認命了，為了成為別人眼中的「好大姊」而犧牲自己的感受。

終於有一天，她覺醒了。所謂的覺醒，其實就是創造性自我的發生和成長。原因是她的弟弟要買一個奢侈品，但是以她的能力，負擔不起這個奢侈品的費用，所以她拒絕了弟弟的請求。只是她沒有想到，父母會因此責怪她，認為她故意不幫弟弟，指責她沒有盡到姊姊的責任。在這一刻，她忽然發現，自己所做的一切都沒有意義，所以最後她做了一個讓我們感到非常震驚，但又似乎在情理之中的決定，那就是她出家了，與家裡所有的人事物都切割開來，了卻了煩惱。

這聽上去似乎很悲壯，但我認為這是一個非常具有創造性的選擇，她主動地改變自己的命運，不讓自己一直被原生家庭所消耗。

當然，每個人的人格、生活風格都有其獨特性，所以選擇也是不一樣的。對此，阿德勒指出，人是有自主性的，能按照自己憧憬或虛構的目標，有選擇地看待生活中的這些經驗，而這種選擇性便是與生俱來的創造性，它決定著每一個人的發展。

部分地決定自己的人格

那麼關於創造性，我們該如何理解？

阿德勒在「創造性自我」的觀點中提出喻示，個體能部分地決定自己的人格。這裡需要注意，是部分決定，而不是全部決定。但我認為，能夠自我決定的這一部分已經足夠了，它就是我們所說的

「創造性自我」，能夠使我們成為自己生活的主人，決定我們對優越目標的選取、達到目標的方法，以及社會興趣的發展。

這與佛洛伊德所持的人格完全由遺傳與生物因素決定的觀點，有本質上的區別。阿德勒認為，對人有用的某些能力和原始經驗均來自遺傳和環境，但這些只是個體以自己「創造性」的方法，建立自己的生活態度的材料。個體使用這些材料的方法，就是個體的一種生活態度，而這種生活態度決定了個體與外部世界的關係。[7]

---

7. 林崇德、楊治良、黃希庭，《心理學大辭典（上卷）》，上海：上海教育出版社，二〇〇三年。

也就是說，即使兩個人的人格結構成分相似，也不會存在兩個完全相同的人。因為每個人都是獨一無二的，而這種獨特性來源於我們的創造性。舉個例子，小明和小紅是雙胞胎，從遺傳和家庭環境上來看，他們獲得的基因和原始經驗應該是一致的，但是他們在此基礎上，以自己「創造性」的方式建立了自己的生活風格，比如小明性格外向，喜歡交朋友，對許多東西都很感興趣，而小紅性格內向，安靜且有文藝氣息，更多時候喜歡一個人待著。

因而，在阿德勒看來，遺傳和環境只是提供創造性自我塑造人格的原材料，最重要的是，個體如何使用這些原材料，來選擇和建立自己的生活風格，這決定了個體和外部世界的關係。

事實上，我剛開始學習精神分析的時候，對佛洛伊德的宿命論觀點是很贊同的，但是學習幾年之後，我反而對阿德勒的心理學感興趣了，可能是我內心裡覺得自己就是一個有創造性自我的人，再大的困難、再大的創傷發生在我身上，我也會透過自己的努力去改變自己。

一九九八年對我來說是非常糟糕的一年。那時，我還比較年輕，因為對自己要求太高，做了很多急功近利的事情，事業從高峰跌落到谷底。同時，女友離開了我。事業和愛情的雙雙失敗，令我陷入深深的憂鬱狀態中。

可能很多人不清楚憂鬱是一種怎樣的狀態。即使我現在回憶起那時候，心裡還是感到一陣陣的涼意。那段時間，我經常會有一種感覺，就是覺得自己特別渺小，周遭的任何東西都變得無窮大，慢慢地，我消失了，變成了一個黑點。這種狀態，持續了八個月。

我嘗試讓自己的狀態稍微好轉，也不斷地告訴自己要更努力一點，盡快從那種狀態裡走出來，但是很困難。在我差點堅持不下去的時候，想到了一個朋友，我想辦法找到他，主動走出家門和他見了一面，他跟我說了很多話，我也把自己的狀態告訴他。後來，他建議我去看醫生。那時候很難找到心理醫生，所以，我去精神科掛號。他陪著我去，後來醫生開了一些藥給我。其實，吃藥也是一種照顧，最起碼我在告訴自己，我只是病了。同時，有朋友陪著我，能讓我感到自己不是在一個完全沒有回應的世界裡。

直到現在，我都很感謝兩個人，一位是陪著我走出至暗時刻的朋友，另一位就是我自己。我很感謝當時的我在那種無助的狀態下，還是選擇去見朋友，選擇重新走在陽光之下，擺脫被黑暗環境所吞噬的命運。

正因為有了這段經歷，我在做心理諮詢工作時，更能理解和感受處於憂鬱狀態下的來訪者。因為我知道他們經歷了什麼，知道怎樣可以更好地幫助他們。只有非常有勇氣的人，創造性自我非常強的人，才能真正面對這種狀態，並主動尋求別人的幫助。

這種創造性是怎麼來的呢？事實上，所有的創造性都是在試錯中發展而來。

在這裡，我要稍微誇獎一下自己。在我家孩子小豆子的成長過程中，我認為我很好地保護了他的創造性，對於他所有的異想天開，我都支持。比如，在他三歲的時候，他很想要獨自跨過社區花園裡的一條石板小溪。這條小溪不大，六歲左右的孩子能一步跨過去，但是對於三歲的小豆子來說，確實比較困難。

後來，我特意帶著小豆子來到這條小溪邊，問他要不要試一下。一開始，小豆子似乎有些害怕，只對小溪裡的水草感興趣，後來趁我不注意，他就想跨過這條小溪。我還沒來得及扶，他已經跨出去，然後撲通掉進了水裡。剛掉進去的時候，小豆子有一些驚嚇，但過了一會就笑了，好像他並不在意掉入水中，也不在意自己的衣服被打溼了。

所以我做了一個決定，問小豆子還要不要再試試。小豆子有一些猶豫，但他還是很想嘗試一下，站在小溪旁邊認真地思考應該怎樣才能過去，對此我不制止他，只是在一旁看著，以防出現意外。最後，小豆子小心翼翼地使出最大的力氣跨了過去。當他走到小溪對岸時，眼睛瞇成一條縫的笑臉出現在我眼前，我當時忍不住誇獎他：「豆子，你是最棒的，最厲害的，自己跨過了小溪！」他興奮地在石板上來來回回地走了兩次。從此，那條小溪對他來說已經不是障礙了，帶給他更多的是歡樂。

成功跨過小溪的嘗試，對豆子來說，是一次非常重要的自我成就體驗，他發揮了自己的能力，而這種體驗會延續到他將來對待事物的態度上。可能豆子會認為，這個世界雖然有一些苦難，但還是滿有趣的。他可以透過自己的努力，和這個世界形成一個良性互動。在他沒有跨過去的時候，我對他沒有任何指責或者否定，而是更多地發揮支持性的作用，告訴他，「生活中，挫折肯定是有的，但你可以透過努力……」

這樣長期以往，他在和別人交往的時候，就不會因為沒做成某件事，或者做砸了某件事而感到特別自卑，反而更多的是願意努力去嘗試，讓自己更具有創造性。比如，豆子上學以後，英語不是太好，然後他以非常有創造性的思維，直接去競選了英語課小老師，以此來鞭策自己，最後英語成績確實大大提升。

因此，給孩子一個嘗試的機會，允許孩子試錯。在試錯的過程中，孩子會感覺到自己是有力量的，同時孩子在我們互動的過程中，能感受到一種互相支持的親密關係。

但是很多時候，因為父母本身對社會的興趣不高，覺得這個世界是不安全的，所以不允許孩子向外發展、向外探索，導致很多孩子的創造性被剝奪；另一方面，許多父母對孩子的期望是「你要乖，你要聽話，你要懂事」，而乖巧聽話，正好與我們的創造性是截然相反的。如果我們渴望自己的孩子乖巧聽話，活在一套標準之下，那麼很顯然，孩子的創造性是遠遠不夠的。舉個簡單的例子，一個三歲的孩子正在笨拙地搭積木，在搭建的過程中，他想像積木是樹墩或汽車，如果父母內心希望孩子按照標準化的圖案來拼積木，那麼，孩子的創造力就會被剝奪，根本沒有試錯的機會，甚至到最後，對積木也不感興趣了。

因此我們可以說，阿德勒的「創造性自我」思想，極其重視自我和創造性在人格形成中的作用。這深深地影響了人本主義心理學家，他們的自我概念都強調人的主觀能動性。

當然，「創造性自我」除了體現人的主動性和創造性之外，還體現了個體的目的性，即我想成為誰，我想去哪裡。這種目標感非常強。

我最喜歡的一部電影叫《當幸福來敲門》，主角威爾．史密斯飾演的克里斯．賈納，在看到富人尋找停車位的時候，他問了兩個問題，第一個是「你是怎麼做到的」，第二個問題是「你是做什麼的」。而這兩個問題的答案成為克里斯之後的人生目標，他對此特別感興趣，有一種想要成就自己的強烈願望。雖然這個願望的背後原因是他要撫養孩子，要擺脫貧窮的狀態，但是在這個過程裡，他有很多創造性的想法，即使和孩子躺在地鐵站的椅子上，他也會引導孩子想像這個地方是他們的堡壘，從而積極地面對生活。

為了能在考核中脫穎而出，克里斯在上班時間不喝水，以避免上廁所，他用瘋狂的速度一個接著一個地打電話給客戶，不給自己片刻的喘息時間。最終，他克服了種種困難，通過投資公司的嚴苛考試，並成為一名股票經紀人，實現財務自由，從此開始了人生的新篇章。

總而言之，創造性自我不僅能幫助我們確定目的和達到目的之方法，而且還能促使我們實現目標。它為我們的生活帶來意義，使我們的個性和諧統一，並且具有獨特性。

成就體驗與創造性自我

即使兩個人的人格結構成分相似，也不會存在兩個完全相同的人。遺傳和環境只是提供創造性自我塑造人格的原材料，最重要的是，個體如何使用這些原材料，來選擇和建立自己的生活風格，這決定了個體和外部世界的關係。

阿德勒並不否定創傷的影響，而是認為與創傷本身相比，人決定自我發展的意識力量更為重要。人的經歷，包括創傷經歷對心理發展的影響，取決於我們的主觀認識，即我們賦予事件的意義。

創造性自我生長於每一次試錯中。當我們發揮自己的能力，克服了困難，就會收穫非常重要的自我成就體驗，而這種體驗會延續到我們將來對待事物的態度上。

創造性自我的表現

雖然我們知道創造性自我是一種強大的、有意識的主動力量，但是很多時候，我們總是會被潛意識所控制。當我們沒有把潛意識加以意識化時，我們就會被命運的車輪推著走，沒有選擇，這樣的狀態會讓人覺得很多東西是無法改變的。

佛洛伊德認為潛意識決定人的命運，而潛意識裡的很多內容被壓抑了，其中有一些創傷性的內容。對此觀點，阿德勒是不認同的。阿德勒駁斥了佛洛伊德精神分析理論的重要基礎，即被壓抑的早期創傷性經驗。阿德勒認為：「我們並不會受到早期創傷性經驗的打擊，其實我們只理解適合自己目標的經歷。」簡單來說，真正能對我們造成傷害的，是我們用來詮釋經歷的方式。

阿德勒並不是要否定創傷的影響，而是認為與創傷本身相比，人決定自我發展的意識力量更為重要。人的經歷，包括創傷經歷對心理發展的影響，取決於我們的主觀認識，也就是我們賦予事件的意義。

早期的創傷性經驗一直影響著我們，就像是「一朝被蛇咬，十年怕草繩」。比如，如果我們一直被忽視，那麼等到長大了，還是會害怕被忽視的感覺，我們對忽視和拋棄會非常敏感。嬰兒時期體驗到的被忽視和被拋棄乃是與死亡相關，這會讓人感到很恐懼，但我們長大後是可以自我照顧的，為什麼還有那麼強烈的恐懼感呢？

一個孩子在四、五歲的時候，父母經常吵架，吵到後來還會大打出手。對於這個孩子來說，在這樣的環境中成長，她會認為爭吵是特別讓人恐懼的，以至於她不敢和任何人發生衝突，總是扮演著「老好人」，即使有很多的憤怒和委屈，也只能壓抑在內心深處。

等她長大後，每當男朋友和她爭論一些事情時，她總會被嚇得瑟瑟發抖，非常害怕男朋友對她大聲說話，甚至想要結束這段關係。事實上，這種恐懼是她四、五歲的時候，從父母的爭吵中體驗到的，但是被她深深地壓抑著，同時她會默默地做出決定，那就是絕對不找一個會和自己吵架的伴侶。

其實，吵架很正常，再相愛的人也會爭吵，因為爭吵也是溝通的一種方式。但是，對她來說，一旦有爭吵，她就想馬上逃開，這是她替自己下的一個指令。如果按照佛洛伊德心理學的理解，這些痛苦、害怕和恐懼的體驗，已經深深壓抑在她的潛意識之中。所以，一旦和人發生爭吵或者對方聲音很大的時候，她就會變得非常敏感，想要逃離這個情境。久而久之，她會認為自己就是一個脆弱的人，不敢進入任何一段親密關係裡。

後來，她找到了我，我問她父母吵架的時候，她聽到的是什麼。她說她記憶最深刻的一句話，就是爸爸對她說：「如果沒有你的話，我早就跟你媽分開了。」我聽了以後，跟她說：「天啊，你太厲害了，你五歲的時候就挽救了你父母的婚姻，你是一個特別有力量的人。」她聽到這句話時，瞬間就哭了。因為一直以來，她體會到的是一個躲在角落裡瑟瑟發抖，覺得天都要塌下來的小女孩，特別無助害怕，但是現在這句話，讓她覺得原來自己那麼厲害，那麼有力量。

當她重新理解這段創傷的經歷，為這段經歷賦予新的意義時，慢慢地，她就找回了自己的力量，不再恐懼衝突。這也是創造性自我的一種表現。

除此之外，創造性自我還有哪些表現呢？我簡單總結了幾點。

第一，具有強烈的成就需要和自我實現的願望。當我們內在有了某種信念，那麼我們的一切就會隨之變化。所以，當生活不是很如意的時候，你有沒有一種強烈的願望去改變它？你是否對自己未來會成為一個什麼樣的人，感到特別好奇？如果你的答案都是肯定的，那麼恭喜你，你是一個具有創造性自我的人。

第二，對世界和他人充滿好奇心，也就是你是否具有比較健康的社會興趣，在利己的同時也利他。如果一個人對任何事物都沒有好奇心，那麼，這個人在精神上也就死掉了，或者說他在與這個世界敵對。

第三，具有主觀的創造力。我在健身的時候，發現有兩類人一直需要教練的指導。第一類人沒辦法做太多摸索，或者沒有太多的精力花在觀察和發現身體上，於是就會購買教練的服務；第二類人就是主觀創造力比較弱，弱到需要一直被庇護，這類型的人即使健身時間已經長達一、兩年了，卻沒有什麼明顯的效果，甚至不記得任何動作，所有的一切都要依賴教練。

第四，具有自我選擇的能力。我們都會有選擇困難的時候，選了A，就覺得B挺好的。那是因為我們內在沒有自我選擇的能力，並且不敢為自己選擇的結果負責，基本上這樣的創造性自我處在很弱的狀態裡。

我一直認為，阿德勒心理學是一種強勢文化下的心理學。它的強勢之處體現在，任何時候我們都是有選擇的，如果你不做選擇，那也是你的一種選擇。可能在我們的成長過程中，創造性自我會被剝奪或被弱化，又或者被打壓，但不管怎麼樣，成年後的我們能夠重新選擇自己的人生。當我們感知到內在的創造性自我，感受到它的力量的那一刻，我們的人生就會發生巨大的變化。

第七章——滋養型的人際關係

人生課題分為三類，
即工作課題、交友課題、愛的課題。
人際關係的煩惱源於沒有做到課題分離。

人的一切煩惱都源於人際關係

在我的諮詢工作中，傾聽過很多人的煩惱。有的人煩惱為什麼孩子不聽話，有的人煩惱為什麼自己的婚姻不幸福，有的人煩惱自己的不完美，總是覺得自己不如他人。似乎生活中的煩惱無處不在，當我們想要去解決時，卻又感覺無從下手，甚至不清楚這些煩惱究竟從何而來。

對此，阿德勒認為：「人的一切煩惱都源於人際關係。」這要怎麼理解？

首先，這裡的人際關係，是指廣義上的人際關係，是指每個人都是人類社會中的一分子，我們無法脫離群體而獨立存在。換言之，就是我們在生活中需要與各式各樣的人建立聯繫，每時每刻都處在不同的關係之中，包括親子關係、兩性關係、家庭關係、朋友關係，以及職場關係等。

關係無處不在，而我們在關係中的體驗大致可以分為兩種。

第一種是滋養型。我經常說，不管是親子關係，還是夫妻關係，只要關係是正面積極的，同時彼此的互動是舒服有趣的，那麼這段關係肯定會帶給雙方滋養的感覺，而且還會讓雙方都變得愈來愈好。

第二種是消耗型。消耗的不只是我們的內在，還有彼此的情感。就好比有些人寧願待在外面，也不願意回家，是因為他們知道回到了家，等待著自己的只有無止境的爭吵，或是無止境的索取，這樣會讓自己處在不斷被損耗的狀態裡，整個人也會充滿強烈的怨氣。同時，這種消耗感會讓我們特別想要斬斷這段關係。

所以，我們在消耗型的關係中，會有壓抑、憤怒、委屈及無力的感覺，覺得自己似乎被關係困住了，意思就是：我本來是很有活力的一個人，但是因為進入了這段關係，我發現自己愈來愈不自由，也無法做自己了，更不知道如何才能把這段關係處理好，於是煩惱就這樣產生了。

另一方面，在比較式的教育裡，我們經常會有一種嫉妒的感覺。回想一下，你是否常遇到以下場景。爸媽總是有意無意地對自己的孩子說：「你看看隔壁的小孩，他學習優秀又用功，人聽話，又長得很漂亮，再看看你是什麼樣的，生你不如生塊叉燒。」爸媽口中的別人家的小孩，是不是你原始的嫉妒對象？其實換成是我，我也會嫉妒，甚至恨不得他能夠變醜。而嫉妒背後的動力，就是我渴望別人活得比我差，我渴望我比別人好，甚至還有一個若有若無的聲音在提醒你：「你很想活得跟別人一樣，你不想活成你自己，你想活成別人的樣子。」但事實上，我們無法成為別人。

有一個女孩，她每次出門都需要花大量時間來打扮自己，必須維持精緻的妝容，哪怕只是出門拿個包裹，都要讓自己看起來非常完美。只要妝容有一點點瑕疵，就馬上補妝，因為她絕對無法接受素面朝天的自己，同時認為別人也不可能接受她素顏的樣子。

其實，如果她只是愛好化妝，或者覺得把自己打扮得很美，心情會很好，那是沒有關係。但是過於在意妝容，就會影響到人際關係和日常的社會活動。後來，這個女孩來找我諮詢，因為她發現自己在這個「習慣」上，花費了太多太多的時間。在我們交流了幾次之後，她說：「很多人都說我媽媽很漂亮，但是我一直長得不好看，所以小時候媽媽總會對著我，唉聲嘆氣地說：『我那麼漂亮，為什麼會生出這麼不好看的你啊？』」這句話非常傷人。所以，這個女孩一直以來對外界的反應是：看到別人眼神中的任何異樣，就會聯想到媽媽皺著眉頭，對她萬般嫌棄的樣子。

特別當女孩覺得自己長得不漂亮時，這種被嫌棄的羞恥感就會在她身上被激發。而為了避免這種情況發生，她必須時刻把自己妝點得漂漂亮亮的，讓自己處於完美的狀態。甚至，如果對方沒有注意到她的完美妝容，她會用各式各樣的方式去吸引對方的關注，有點像是她在那一刻跟媽媽說：「我現在變漂亮了，你多看看我。」但是很可惜，在人際關係中，別人並不是自己的媽媽，也不會時刻關注到她，所以這時候，她會感到更加挫敗。另一方面，當別人誇她素顏時也很漂亮，她是完全不相信的，覺得這是別人在安慰自己。因為不漂亮、羞恥的小女孩一直存在於她內心裡，因此，當她看到鏡子裡素顏的自己，或者看到臉上長痘痘時，她就會很厭惡，這感覺就和媽媽曾經嫌棄她、厭惡她一樣難受。

很顯然，女孩一直努力活成媽媽期待的樣子，完全看不見自己，所以當她問我怎麼辦的時候，我只是說：「看起來，你好像很渴望被媽媽誇獎一次，但是你有自己面對世界的樣子，為什麼要委屈自己去取悅別人呢？」有意思的是，在我們最後一次見面中，女孩跟我說了一句話：「胡老師，我現在還是要化妝出門，但有時只是塗個口紅，因為想讓自己看起來氣色好一點。」當她說完後，我們都笑了。因為她有些內在的東西好像已經開始改變了。

因此，我們可以得出，其實我們的一切煩惱，都來自我們如何看待自己和他人的關係，正如《被討厭的勇氣》這本書所說的：「我們之所以十分在意他人的視線，之所以希望得到別人的認可，是因為我們不想被他人認為自己是不好的。」

只有課題分離，才能獲得精神上的自由

那我們要如何解決這些煩惱呢？

阿德勒認為，人際關係的煩惱源於沒有做到課題分離，具體表現為兩點：第一，干涉他人的課題；第二，自己的課題被他人干涉。

什麼是「課題」？我們可以簡單理解為我們需要做的事情。阿德勒把人生中的人際關係分為三類，將其統稱為「人生課題」，即工作課題、交友課題、愛的課題。如何做好這三大課題，是我們人生的重中之重。一個擁有健康人格的人，他的社會功能是完整的，包括能夠找到一份工作來養活自己，可以和身邊的朋友友好相處，能夠與人產生深度的情感連結，願意為這個社會貢獻。

「啃老族」就是沒有能力解決這三大人生課題的人，因為他們一直待在家裡，不出去工作，不出去交朋友，也不考慮自己的婚戀問題，整日無所事事，全靠父母供養，對此我們稱之為「巨嬰」。

「巨嬰心理」有三個很重要的特質。第一，他們無法照顧自己，沒有能力承擔自己的事情；第二，他們內在有一個很強烈的願望，就是希望這個世界上的人都為自己服務；第三，這樣的人偏執分裂，他們活在自己的想像世界，脫離現實。同時他們不能接受質疑，一旦受到質疑就會強烈抵觸；不能接受非自己預期的對待，一旦遇到這種情況就會陷入憂鬱或者暴躁；不能接受挫折，一旦遇到挫折就會內心破碎。這樣的人無法完成自己的人生功課，而且他們在關係中，一定是依賴或者共生的狀態，這正好是阿德勒描述的課題分離之反面。

課題分離，就是區別開我的課題和他人的課題。簡單來說，就是要分清楚什麼是自己的事情，什麼是他人的事情；什麼是自己的情感，什麼是他人的情感。

有的人在課題分離這件事上是很混亂的，比如張三向李四借錢，但是李四沒有太多餘錢，這時李四內心就會有一個極大的衝突，即我沒有錢，但是不借他又會很愧疚。發展到最後，可能李四會責怪張三為什麼要找他借錢。實際上，借錢是張三的事情，而是否願意借給張三，是李四自己的事情，如果我們能夠這樣區分開來，那李四就可以很真誠地告訴張三：「我能力有限，可能幫不到你。」即使張三會因此對李四有一些情緒，那也是張三需要處理的事情。如果能夠這樣想，我們的人際關係就不會太複雜。

很多父母經常跟我抱怨自己的孩子不願意起床上學，總是要催促，催到最後孩子不開心，家長也不開心。那麼在這裡，我們思考一下，起床上學是孩子的事情，還是父母的事情？父母之所以催促孩子，似乎並沒有把孩子起床當成孩子自己的事情，而是把它當成了父母的事情，而當我們看到孩子沒有立即起床的時候，心裡就會生氣。於是在這個過程中，我們會認為自己的這種情緒是由孩子造成的，要是孩子乖乖聽話起床，我們就不會那麼憤怒。但這其實是父母沒有在自己的事情與孩子的事情之間做好分離。

對此，家長們經常會問我如何解決這個問題。我一般會先建議家長與自己的孩子明確表示，起床上學是孩子的事情。其次，劃清界限，誰的事情誰負責，比如告訴孩子假使今天聽到鬧鐘沒有起床，然後上學遲到了，那就有可能會被老師批評，這些都是需要自己承擔的結果。作為家長，我們一定要控制住自己的情緒，再著急也不要去催促，如果孩子因為睡過頭而責怪你，那你要告訴他，起床上學是他自己的事情。在這裡，你不必自責，不必覺得自己不關心孩子。你要知道，這個時候孩子發出的所有責怪，都是因為他有自己的情緒，你可以關照他的情緒，但是不能替代他的情緒，或者說不能因為他有情緒而選擇去為他負責。

從精神動力學來說，一個人的成長發展過程，是從嬰兒與母親的共生狀態，到慢慢地分離，然後順利完成個體化，最終走向的是融合。這裡的融合，就是阿德勒的共同體感覺，是一個從獨立到合作的過程。

如果在我們成長的過程中，沒有完成這種分離，那麼，我們就會一直處在共生的狀態裡。這種共生的狀態有兩個表現。第一，邊界不清，即分不清哪些是自己的事情，哪些是別人的事情。第二，我的情緒，你要來負責。

舉個例子，有一些父母打從心底沒有把自己的孩子當成獨立的個體來看，而是把孩子當成自己身上的一塊肉，比如跟孩子說：「只要你聽話，媽媽就開心了。」在這種情況下，孩子就會陷入一種無所不能的自戀狀態裡，他覺得自己可以改變別人的情緒。如果長期發展下去的話，他會一直為對方的情緒負責，並且渴望用一切方式來解決別人的情緒問題，以達到自己期望的樣子。

就像在親密的關係中，當丈夫看到自己的妻子難過，他有可能馬上用討好迎合的方式，去哄自己的妻子，當他發現無論自己做什麼，妻子都是悲傷的，那麼他就會惱羞成怒：「我都這樣哄你了，你還要怎樣？」這位丈夫把自己看成一個無所不能的人，但妻子沒有承認丈夫對自己的情緒是有幫助的，那麼彼此之間的關係就會對立。如果丈夫能夠課題分離，他就不會去承擔妻子的情緒，而是會說：「我知道你現在很難過，需要靜靜，如果你需要我的話，我就在旁邊，可以隨時來找我。」

因此，如果我們沒有進行課題分離，那麼我們和他人的關係就會你我不分、曖昧不清，沒有一個明確的邊界。在這種情況下，我們常常會背負著別人的事情，想要獲得他人的認可，而當我們產生「認可欲求」，我們就不自由了。因為我們的幸福不再把握在自己手中，而是取決於別人是不是認可我們。

在人際關係中，我們想要獲得精神上的自由，代價就是會被他人討厭，也就是我們要有「被討厭的勇氣」。當然，我們並不是故意要讓別人討厭自己，只是如果有人不喜歡我們，那是別人的事情，我們無法控制，我們只需要做好自己就可以。

課題分離

阿德勒把人生中的人際關係分為三類，將其統稱為「人生課題」，即工作課題、交友課題、愛的課題。

人的一切煩惱都源於沒有做到課題分離，具體表現為干涉他人的課題，或自己的課題被他人干涉。分不清楚什麼是自己的事情，什麼是他人的事情；什麼是自己的情感，什麼是他人的情感。

我們可以關照他人的情緒，但不能因為他人有情緒而選擇為他負責。「只要你聽話，媽媽就開心了。」在這種情況下，孩子就會陷入到一種無所不能的自戀狀態裡，覺得自己可以去改變別人的情緒。如果長期發展下去，他會一直為對方的情緒負責，並且渴望用一切方式來解決別人的情緒問題，以達到自己期望的樣子。

沒有進行課題分離，我們和他人的關係就會你我不分、曖昧不清，沒有一個明確的邊界。我們會背負著別人的事情，想要獲得他人的認可，而當我們產生「認可欲求」，我們就不再自由了。

人際關係的起點是課題分離，終點是共同體感覺

我也有過課題分離的體驗。

曾經我的孩子跟我說，他要考研究所，然後我就去找各種能夠幫助他考試順利的人吃飯，比如他的學姊或老師，但在這個過程中，我和孩子的關係變得很糟糕，每當我打電話給他的時候，他都不接，發訊息也就回一、兩個字。那一刻我非常憤怒，覺得這孩子

太不懂得感恩了，我努力地在幫助你，你卻這樣對待我。

後來我冷靜過後，仔細想了想，考研究所是他的事情，如果他完成自己的事情，應該會有一種成就體驗，但是我把他的事情變成我的事情，我已經侵入他的邊界了。好心辦了壞事，剝奪他完成自己人生課題的成就感。

最終他沒有去考研究所，他說考研究所現在變得更像是我這個父親的需要，而不是他的需要，他更想先去工作，然後再決定自己未來的目標和方向。最後，我尊重他的選擇。雖然在這個過程裡，我曾經有無數次想把他罵一頓，但最終我發現，這是我自己的情緒。其實，我對孩子能不能當上研究生還是挺執著的，這可能是為了滿足我作為父親的優越感吧，從而忽視了他。

孩子有自己的安排，這是他對自己生活的規劃，但我沒有關心他這一點，相反地，我侵入了他的邊界。我能夠意識到這件事，其實最重要的，還是阿德勒「共同體感覺」的概念帶給我啟發。

什麼叫「共同體感覺」？《被討厭的勇氣》一書中說到：自由並不是說可以做任何自己想做的事，而是一切都在一個大前提下，那便是「社會情懷」。此書作者岸見一郎將這種社會情懷譯成「共同體感覺」，即把他人看作夥伴，並能夠從中感受到「自己有位置」的狀態。社會情懷是幸福的人際關係的最重要指標，最小的單位是「我和你」，要將我們對自己的執著，轉變為對他人的關心，這並不容易。

共同體的最小單位就是「我和你」，而不是「我和他」。你是誰，我是誰，我們連結的部分是什麼，價值交換在哪裡，彼此的尊重在哪裡，邊界在哪裡，當我們釐清以後，才能夠有真正的共同體的感覺。而所謂「共同體感覺」，就是我們可以在關係中獲得歸屬感。當然，這裡說的關係比較廣義，包括親子、親密、家庭、友情、職場等。

其實我們一出生，就處在一個很大的共同體中——世界及宇宙；後來慢慢地，我們在一些小的共同體中生活、工作，比如國家、家庭、公司等。如果我們不能在一個共同體中獲得歸屬感，也就意味著我們在其中不能擁有一段比較好的人際關係，無法感受到安全，甚至體驗不到自己存在的價值。

因此有人說，人際關係的起點是「課題分離」，終點是「共同體感覺」。所以在這裡，對於如何建立一段滋養型的人際關係，或者說如何獲取共同體的感覺，阿德勒提出了三點建議，即他者信賴、他者貢獻和自我接納。

他者信賴

在新冠疫情期間，我們發現原先很好說話的社區保全或房東，會要求我們回家前必須測量體溫通報，不然的話就不允許我們回家，甚至在對我們不信任時，還會說一些讓人感覺不舒服的話。

本來大家是相互信任、相處得很好的，但是遇到疫情這種特殊情況，就可能會觸碰到對方的一些利益。就像我們和同事、客戶見面，以前都十分熱情，見了面會一起吃飯喝茶談事情，後來卻連握手都要小心謹慎。相處方式不同，難免會有一些心理落差。

共同體感覺

共同體感覺是一種把他人看作夥伴，並能夠從中感受到「自己有位置」的狀態。

共同體的最小單位就是「我和你」，而不是「我和他」。你是誰，我是誰，我們連結的部分是什麼，價值交換在哪裡，彼此的尊重在哪裡，邊界在哪裡，當我們釐清以後，才能夠有真正的共同體的感覺。在「我和你」這個最小的單位裡，將我們對自己的執著，轉變為對他人的關心，這並不容易。

大到國家，小到公司、家庭，如果我們不能在一個共同體中獲得歸屬感，也就意味著我們在其中不能擁有一段比較好的人際關係，無法感受到安全，甚至體驗不到自己存在的價值。

因此，人際關係的起點是「課題分離」，終點是「共同體感覺」。

在此類情況下，人與人之間需要重新認識一下。我們要對他人信任，盡量不要因為過度反應，而帶著有色眼鏡去看別人，或者不要帶著惡意去揣測別人。我記得當時我點了一個外賣，外送員在送餐時，特別附帶了一張紙條，詳細標注廚師和外送員的體溫，我覺得這種方式非常貼心。這其實就是一種主動建立信任的方式，同時也是對自己和他人負責。

另一方面，在親密關係中，有些人經常會翻看另一半的手機，對於對方說的話幾乎都持有懷疑的態度，其實這就是一種缺乏他者信賴的表現。

他者貢獻

這裡所說的他者貢獻，就是我們要承認他人對我們是有價值的，是有貢獻的。

有一對夫妻，兩個人貸款買了一輛卡車做生意，丈夫負責開車，妻子就在卡車上做好後勤保障，他們經常一起出車，彼此關心，給人一種缺一不可的感覺。丈夫對妻子說：「幸好有你在，可以讓我在長途開車的過程中解解悶。」妻子也很感謝丈夫，感謝丈夫努力工作，支撐起家裡的生活。他們對於對方的貢獻有很大的認同和認可，真正成為相互支持的人，對彼此也非常信任。這就是我們所說的他者貢獻。

我的一位來訪者經常抱怨她丈夫對家裡的事情不管不顧，帶孩子總是笨手笨腳的，在她眼裡，丈夫不是一個好丈夫，也不是一個好父親。有一次她要出差，非常擔心丈夫不會帶孩子，甚至給丈夫列出了帶孩子必須要做的五十件事。但是，等到她回來以後，發現孩子還白白胖胖的，精神狀態各方面都很好，和爸爸也親近了很多。看到這種情況，我的這位來訪者開始重新思考，並且在我們後續的諮詢討論中，她坦承自己之前一直沒有把丈夫當成合作者，甚至內心還有一個隱祕的小心思，那就是如果丈夫和我一起照顧孩子，那麼照顧孩子就不是我一個人的功勞，我就不會成為一個完美的媽媽了，這會讓我沒有優越感。所以她把很多事情攬到自己頭上，忽略丈夫為這個家、為孩子所做出的貢獻。所幸的是，後來她承認了丈夫的價值。

另一方面，他者貢獻並不是捨棄「我」而為他人效勞，反而是為了能夠體驗到「我」的價值，而採取的一種手段。我們可以想像一下，家裡的地板有點髒，爸爸在加班，媽媽在房間裡休息，這時孩子拿著掃把開始認真地掃地。這時候，孩子在沒有過分犧牲自己的情況下，做了力所能及的事情，恐怕並不會有「為什麼沒有人來幫我」的感覺或者怨言，反而會很開心。因為他覺得自己對家裡是有用的，是有價值的，並且可以貢獻自己的力量。

自我接納

什麼是自我接納？就是我接納自己是一個普通人，知道有些事情是我能做到的，也有一些事情是我做不到的。當我做不到一些事情時，我能很誠實地跟自己說：「我確實做不到。」然後朝著能夠做到的方向去努力，不對自己撒謊。

舉個例子，你的工作只能完成八〇％，但是為了讓公司和老闆留下好印象，你很積極地扛下了所有工作，然後回家才和家人朋友大罵公司，抱怨工作壓力太大。這兩種不同狀態的背後，其實就是不能接納真正的自我，不敢在他人面前表達真正的自己。

如果你清楚且接受自己只有八〇％的工作能力，並且誠實地向老闆表達，然後思考怎麼樣才能盡最大努力，來完成全部的工作，這才是對自我的接納。如果只是為了留下好印象，假裝自己很厲害，那麼到最後你會很辛苦。

阿德勒認為，共同體的感覺是一種深度的羈絆關係，能夠讓我們有一種強烈的歸屬感。我們每個人的第一歸屬地都是媽媽的懷抱，第二歸屬地是我們成長的家庭，第三個歸屬地更多的是親密夥伴的心裡，最後再大一點的歸屬地，就是我們的社會，也就是社會情懷（共同體感覺），比如職業榮譽、民族自豪感等。

在這裡，可能有些朋友會疑惑，我們是否可以在職場裡建立共同體感覺？答案是肯定的，但我們必須有一個共同完成的目標，然後彼此分工合作。如果在職場裡很難建立共同體感覺，則是因為我們內心有強烈依賴他人的願望，或者我們沒有完成課題分離。

一般來說，很難建立共同體感覺的職場關係有三種情況。第一種，把職場當成遊樂場，即我就是去玩的，我的工作應該有人來幫我完成；第二種，把職場當成販賣場，即我投入一塊錢，就要拿到一塊錢的東西，我的付出必須得到對等的回報；第三種，把職場當成戰場，即你與我之間是對立的，我們無法達到一種合作共贏的狀態。

因此，共同體感覺並不是每個人都有。一直處在對立的關係，或者處在特別依賴的關係中的人，會沒有辦法體驗到共同體感覺。

同樣地，阿德勒的心理學也不是每個人都需要的，但是我們每個人都可以去了解它。我們可以按照自己已有的方式生活，可以等著別人提供我們想要的照顧，或者，我們也可以像阿德勒心理學所說的那樣——我們可以選擇自己未來的人生。

圖說：這張照片拍攝於阿德勒去世的前一年。一九三六年，已定居紐約的阿德勒抵達英國普利茅斯。此時的阿德勒，已經名望卓著了，世界各地的學生眾多。第二年五月，在赴蘇格蘭亞伯丁講演的旅途中，阿德勒因心臟病病逝，享年六十七歲。

對於阿德勒的離世，《紐約先驅論壇報》的訃告說：「阿德勒，自卑情結之父，拒絕成為精神分析的某個零件。他既有點像科學家佛洛伊德，又和預言家榮格相似，他就是他自己，傳播福音的人。」然而佛洛伊德則表示：「我無法理解你們對阿德勒的同情，對於一個從維也納郊區走出的猶太男孩來說，死在亞伯丁，這本身就是一個驚人的經歷，這也證明他已經出人頭地了。對於他為反對精神分析而做的努力，這個世界的確給予了他豐厚的獎賞。」

如今，阿德勒的許多概念和方法已經滲透到心理學主流體系中。例如，自卑感和自卑情結的概念已被心理體系所吸納，社區治療、家庭治療和合作治療已被社會普遍接受，甚至他曾經的反對者，也慢慢地接受他的思想。

為你的目的與選擇而活

談阿德勒的創造性自我，從超越自卑到成就人生三大課題

作　　者　胡慎之
封面設計　FE設計
內頁排版　江麗姿
業務發行　王綬晨、邱紹溢、劉文雅
行銷企劃　黃羿潔
資深主編　曾曉玲
總 編 輯　蘇拾平
發 行 人　蘇拾平
出　　版　啟動文化
Email：onbooks@andbooks.com.tw
發　　行　大雁出版基地
新北市新店區北新路三段207-3號5樓
電話：(02)8913-1005　傳真：(02)8913-1056
Email：andbooks@andbooks.com.tw
劃撥帳號：19983379
戶名：大雁文化事業股份有限公司
初版一刷　2025年7月
定　　價　420元
I S B N　978-986-493-216-0
E I S B N　978-986-493-215-3 (EPUB)

圖書許可發行核准字號：文化部部版臺陸字第114096號
出版說明：本書係由簡體版圖書《穩固的幸福感：阿德勒談自我超越與人生課題》以正體字重製發行。作者：胡慎之，出版發行單位：杭州藍獅子文化創意股份有限公司。

為你的目的與選擇而活：談阿德勒的創造性自我，從超越自卑到成就人生三大課題 / 胡慎之著. -- 初版. -- 新北市：啟動文化出版：大雁出版基地發行, 2025.07
面；　公分.

ISBN 978-986-493-216-0(平裝)
1. 阿德勒 2. 學術思想 3. 精神分析學 4. 人際關係

175.7　　114006543